德先生的路線圖
——民主理論如何實踐？

卡爾‧柯恩 (Carl Cohen) 著

商務印書館

本書為《民主概論》(*Democracy*) 一書精華節選本。由於刪減過部分章節，章節序號是刪減後編輯擬定。

德先生的路線圖——民主理論如何實踐？

作　　者：卡爾·柯恩 (Carl Cohen)
翻　　譯：聶崇信　朱秀賢
責任編輯：楊克惠
出　　版：商務印書館 (香港) 有限公司
　　　　　香港筲箕灣耀興道 3 號東滙廣場 8 樓
　　　　　http://www.commercialpress.com.hk
發　　行：香港聯合書刊物流有限公司
　　　　　香港新界大埔汀麗路 36 號中華商務印刷大廈 3 字樓
印　　刷：美雅印刷製本有限公司
　　　　　九龍官塘榮業街 6 號海濱工業大廈4樓A
版　　次：2005 年 10 月第 1 版第 1 次印刷
　　　　　© 2005 商務印書館 (香港) 有限公司
　　　　　ISBN 962 07 6352 1
　　　　　Printed in Hong Kong

通識就是融會貫通。方法呢？

學習，從來都追求通，所謂君子不器，所謂左右逢源，是通的結果。

要講通識，先要有相當的知識；觸類旁通，卻又不是有了相當知識後必然達到的。

追求識，進一步追求通，要講方法，要重視水平。

在普及教育的社會裡培養通才，要借助閱讀。閱讀沒有課時限制，出了課室，脫離學校，仍然可以終身閱讀；閱讀不會師資不足，中外古今，盡有能識能通之士做老師。因此我們提倡"通識閱讀"。通識應該始於學校，而不止於學校，最終並要超越學校，延續為終身學習的運動。透過以通識為目標的閱讀，培養適應能力、獨立思考能力，實現終身學習的目標。

通識，不等於全識。人的生命有限，資訊還在拼命爆炸。《通識閱讀》叢書，就是要為讀者精挑細選，提供切合需求的優質讀物。通識關心的知識，應該關乎現代人追求的價值觀，並與現代人的未來生活有關。所以我們着眼於三種方向：

值得現代人繼續咀嚼的傳統智慧

現代社會公民應有的觀念

現代人應有的科學眼光

　　這三種方向也可配合世界性教育改革的需要。在香港可對應中學通識科三個學習範疇（自我與個人成長、社會與文化，以及科學、科技與環境），也正好實現了我們"通識可始於學校，而不止於學校"的理念。

　　世界不斷變化，知識不斷增加，為了達成終身學習的目標，我們將不斷尋找全世界與這方向相合、篇幅適中的好書，邀請各界名家、學者協助選書、撰稿、審稿，以使《通識閱讀》叢書切合現代人的需求，合於精品的要求，以協助讀者邁往通才之路。

商務印書館 (香港) 有限公司
編輯部

精華節選本序言
民主之路的前提與條件

卡爾·柯恩

本書旨在闡明民主哲學最基本的要素。

民主作為一種各民族、社會共同追求的理想和目標，世界各地都追求民主、實踐民主。然而，它並未獲得普遍成功，甚至有些地方確實付出了代價。從理論上捍衛民主、比較民主政府與其他政府體系的差異，以及其他許許多多有關民主的深入而有趣的抽象討論，可謂隨處可見，長篇累牘闡述民主哲學的論文更是數不勝數。

但是民主不僅僅是抽象的理想而已，它是管治社會時非常實用的系統。本書中，我將展現民主理論和民主實踐的整合，而且尤其關注後者。當然，我們也不能忘了理論目標：設計一個社會所有成員可以就其共同事務參與決策的管理機制。就像一個人，只有當他／她有能力自主、自理才算成熟一樣，任何一個社會，甚至是民族國家，只有當它有能力和有機會自主、自理，才能算得上是成熟的社會。此處所說的自主、自理，就是自主立法。這是一個深刻而高遠的理想。

但是，要把民主理論付諸實踐，我們不禁要問：要使公民能夠自主參與政府管理，需要具備哪些條件？這是本書關注的焦點。民主是一種良好的管治方式，但是要建立民主的方法、建立民主的制度，卻不是一件容易的事。在通往民主的道路上，有哪些要件必不可失？本書各章節將詳細論述。

兩個前提

這些要件可分為兩類，一類可以稱之為民主的前提，一類則是民主的條件。

民主的前提，即我們合理談論民主進程之前，就應具備的相應外部大環境。後面我將詳細討論兩個前提，在此先簡述如下：

第一個前提是社會的存在和社會的自我認同。要是沒有社會，也就沒有理由需要用以管理社會的民主了。社會的基礎是其成員，我們要尋求的正是提升成員的參與。社會成員之間必須有共同的紐帶、共同的目標和義務，對社會群體的認同必須高於對政府的認同。民主社會的規模可以差異很大：有的非常小，這樣的群體界限分明，容易得到廣泛認同；有的規模很大，部分公民需要較長的時間才能認同自己的社會，才能醒悟到自己是那個社會的公民。

民主的第二個前提是自治社會中成員的理性。如果公民不懂得爭辯討論、不能相互理解、不能相互批評、不能明白群體目標之間的關係和實現目標的方法,那真無法想像這個社會的民主是甚麼樣子。這是顯而易見的,而且這也是關鍵。這就可以解釋為甚麼民主在本質上是一種人類體制,所以說低等動物是不可能享有民主的。當社會成員根本達不到民主參與的要求時,就別談甚麼自治了。

民主的這兩個前提——社會前提和理性前提,本書將詳細論述。

四類條件

論證民主的前提相對而言是容易的,論證民主道路上的第二類要件,也就是我們所稱的 "民主的條件",就相當困難了。這些條件,分為不同類型,每一類型又分別包含許多不同條件,對它們的論述佔了本書絕大篇幅。因此,實現民主的努力就變得非常具體。

民主要取得成功,必須滿足四大類條件,本書將有詳盡論述。為使讀者更好地理解後文的論述,這裡先作一個簡短的說明:

1. 物質條件——地理環境和經濟條件,只有具備這兩者,社會成員才可能參與民主。對物質條件的需要,有助於解釋為甚麼富裕的社會民主發展得較成功,而貧困的社會通常視民主為不切實際而棄之不用。

2. 法制條件——保障公民言論、出版、爭辯、批評、選舉等權利的（成文或不成文）規章和原則。總而言之，民主必須鼓勵公民參與各項政策的討論。自治要求保證言論自由（無論是口頭或書面），即使這些言論是為少數派服務。因為掌權的政府通常會想各種辦法壓制反對派，所以保持這些法制條件並非易事。這種壓制雖然有利於政府管理，卻對民主傷害極深。

3. 智力條件——公民參與政治討論時所需要的資訊，以及公民取得這些資訊的技能。民主社會的公民不僅要理性，也必須受過良好教育，充分了解科學的發展，以及準確掌握本地、本國，乃至國際上的新聞。這些條件有助於解釋為甚麼在教育不發達的地方，即使具備其他條件，民主仍然發展不好。

4. 心理條件——公民的態度和性情，他們必須學會寬容面對辯論和激烈的反對聲音、必須學會接受妥協、接受不完美的解決方案。民主參與要能持續，這個社會的公民必須務實而靈活，寬容又有耐心。這些態度和性情是很難學習和傳授的，所以在這些觀念已經代代相傳、深入人心的地方，實行民主會比較容易成功。

當然，沒有一個社會能完美地滿足上述所有條件，但是這些條件都是民主成功至關重要的因素。在一定程度上，上述條件要是少了一個或以上，我們預料，民主之路將滿佈障礙，有時甚至會坍塌。

通往民主之路還需要其他許多廣泛認同的手段，小心求證的結果顯示它遠比我們設想的複雜得多。例如，多數規則、其他決議規則，以及各種形式的代表制等，這些民主手段有各自的優點和缺點，它們與我們日常民主生活如此密不可分，以致於有時會把它們混淆為民主本身。

我們必須一開始就清楚認識到，民主的道路並不平坦，路途漫長，而且困難重重。但是只要我們清楚將遇到哪些阻礙，並知道如何克服，就有理由相信這段旅途會取得最終的勝利。同時，當民主進程出現反覆時，對這些原則的理解可以指導我們使民主重歸正途。

民主作為一種社會公民自治的體制，是一個值得為之奮鬥的理想。本書旨在支持這種奮鬥，告訴人們要完成民主自治的理想，必須完成哪些使命。

2005 年 9 月 14 日於美國密西根大學哲學系

目 錄

第一部分 ———— 民主的**性質**

第一章　甚麼是民主

1-1　解釋民主的簡短定義

民主即民治。這是大多數詞典所採用的，而且很可能是普遍都能接受的定義。這一定義與 democracy 這個詞的詞源也相符。這個詞源於希臘語，其詞根為 *demos*，人民，*kratein*，治理。古代哲學家與政治家以頗為直截了當的方式使用該詞。佩里柯斯説："我們之所以稱為民主是因為政府掌握在多數人手中，而不是在少數人手中。"亞里士多德在區別了幾種不同的民主以後，最後説，"我們可以以此作為準則：不容許所有公民共享的制度是寡頭的（oligarchical，oligos，少數），容許所有公民共享的制度是民主的"（《政治學》IV.6）。近世紀以來，常為人引用的林肯名言"民有、民治、民享"，也提出了同樣的概念。民主是一種人民自治的制度。

這些旨在解釋民主的簡短的定義，即使獲得普遍的贊同，並不能説明太多的問題，因為下定義的人把本來就不簡單的問題過分簡單化了。類似的定義還可以舉出一些，如："獲得同意的政體"，"大多數的統治"，"人人都享有平等權的政體"，"主權屬於人民"等等。這些警句式的定義一般來説都不錯，但沒有觸及問題的實質。對其中任何一條稍加剖析，其不足之處便會暴露無遺。政府獲得誰的同意？同意甚麼？在哪方面有平等權？怎樣才算是同意或權力的平等？甚麼是主權，人民甚麼時候有主權？由誰組成大多數進行統治？大多數的統治總是民主的嗎？民主的決定總需要大多數同意嗎？民享的政體與民治的政體二者之間當然有區別，如果不是二者兼備，又算甚麼？民有的政體適於何地？諸如此類的疑惑比比皆是。如果要弄清民主即民治這一正確提法究竟意味着甚麼，我們還有必要從頭開始。

1-2 自相矛盾的自治

我們説民主即人民自己管轄自己，人民即統治者。至少從下列觀點來看，這只是一種比擬的説法。"管轄"與"統治者"這兩個概念都是相對的。沒有被管轄者即無管轄者，沒有臣民即無統治者。涉及統治的，有一部分是壓服的權力，強迫被統治者，或違背他們意願採取行動的權力。從這一重要意義來看，雖然一部分人民可以統治另一部分人民，但人民是不能統治他們自己的。約翰·穆勒於 1859 年寫道："現在認為'自治'及'人民有權自己管理自己'這樣的詞語與真實情況不符。行使權力的與行使權力的對象並非同一部分人民……"（《論自由》第一章）。幾乎一個世紀以後，沃爾特·李普曼把這一説法更具體化了。他説："人民⋯⋯不能管理政府。他們自己不能執行管理。在通常情況下，他們不能創制或提出必要的法規。群眾不能行使統治"(《公眾哲學》1955 年版，第 19 頁)。格萊斯通說得更妙，他說："嚴格地說，可以構成一個民族的那麼多人民從來就沒有自己管理過自己。在人類生活的條件下，可以達到的最高境界，看來只能是他們應自己選擇自己的管轄者，同時，在某些選定的情況下，能直接對管轄者的行為施加影響"(《十九世紀》1878 年 7 月)。

在現實政治事務中，如上所述，很明顯人民不能自己統治自己。發號施令的政府可能來自人民的選擇，但人民並不制定或執行法律。統治者和被統治者二者之間的區別，至少在範圍較大的社會中，是不難劃分的。大多數人是被統治者，而非統治者。

然而，自治一詞並非荒謬。當我們用這個詞描述某種情況時，看來還是講得通的。民主政體即自治政體，由人民自己治理。在某些情況下，這樣的政體確是現實存在的。但前面說的卻是人民不能統治自己。如果認為這一觀點是對的，那麼，這種自相矛盾如何解釋？

可以設想把自治這個詞用於政治以外的範疇。我們說某個人具有自治的能力，就是說這個人自己可以管理自己。在這裡，這一說法也可能只是象徵性的，因為沒有任何人可以自己壓制自己，雖然可以認為他自己的某些高級能力壓制他的低級能力，如果能力之間的區別可以辨識的話。但對每個人來說，自己管理自己和受別人管理，這種區別是至關重大的事。從個人這個範疇來理解自治這個詞，可能是解釋社會自治自相矛盾的鑰匙。

作為個人，我喜歡自治，不受別人的指揮與控制。我自己管理自己，決定自己的目標並選擇達到目標的手段。每個人在他一生中都至少在某些方面有過這種自我控制的經驗。那麼，困難又在何處呢？自治一詞的自相矛盾來源於"govern"（管理）這個詞有雙重意義。從一種意義來說，管理的權力包括壓制、強迫的權力，因而意味着有治者與被治者的分野。這可稱之為 government 在管理方面的意義。而就另一種更深一層的意義來說，govern 是確定目標或政策，指導被管理者。後者是 govern 這個詞的本意，來自拉丁文 *gubernare*。拉丁文中的這個詞又是來自希臘文 *kybernan*，意即指導或領航。這可稱之為 government 在指導方面的意義。

在任何社會中，政府可以命令、禁止、壓服；這些是我們日常生活中可親自感受到的它在管理方面的職能。就是因為只看到這一方面的職能，有些人認為一個社會不能自治。然而，更基本的是，一個社會的管理者也是這個社會的嚮導或者舵手。如果把指導方面的意義理解為管理的主要職能，自治的自相矛盾之處自然也就會隨之消逝。從管理方面的意義理解 government 這個詞時，就會含有意志的衝突以及一部分人服從另一部分人的意思，社會的治者也必然只能是一部分人而非全體。但從指導方面的意義來理解這個詞時，就會含有決定政策、目標、引導社會生活的意思，社會的治者可能是少數，也可能是多數。全社會所有的成員都來參加制定共同追求的目標，原則上是可能的。如果所有或大多數成員的確參與這一任務，我們完全可以把這種社會稱之為自治的。

1-3 民主的本質

民主是一種社會管理體制。因此，要弄清民主的性質就有必要把這種社會管理體制與其他種類的管理體制區別開。要做到這點，又必須了解社會這一概念廣闊的範圍，這在第四章裡要詳加論述。人類社會的種類與數目實際上是不可勝數的。把人們團結成社會的目的也千差萬別，小至微不足道，大至驚天動地。社會的規模可能極為巨大，也可能極為渺小。社會並不一定要以地理界線作為邊界，它團結起來的原則可以是出於友好的、慈善的、倫理的、宗教的、經濟的……各種各樣的原因。社會成員共同懷有的目標對他們來說可能只是一時衝動，並不重要，也可能值得他們生死與共，永遠效忠，考慮在何種社會中民主可以存在時，最重要的是不能只着眼於民族國家。民族國家當然是最重要的社會，在這些社會中如何實行民主，理所當然地最為我們所關注。但關於民主的理論如欲令人滿意，必須能適用於任何類型或大小的社會，而不僅僅是民族國家。在類型上或規模上大不相同的社會都可以以民主方式管理。

社會的民主管理意味着甚麼？也可通過社會生活與個人生活的類比來說明。選擇自己的目標時，個人可以自己作主；他可以自己選擇，自己決定。以社會為範圍的自治或自主就是民主。

其所以說民主即民治，就是因為在這種制度下，人民亦即社會成員，參加決定一切有關全社會的政策。管理的、指導方面的職能對說明自治是極為重要的：眾多的人共享指導職能就使得民主成為可能。

為全社會確定政策這一概念包含甚麼？很明顯，社會成員要執行的這種職能決不是一次即可完成。政策要不斷地制定與更新；對社會的指導要經常加以注意。因此，實行自治就要求繼續不斷地作出一系列主要的或次要的決定，就是在作出這些決定和選擇時具體地體現了誰參與政策的決定。如果一個社會最重要的決定是通過其成員的普遍參與然後作出的，我們就可以把這一社會稱之為自治的。

哪些最重要的決定是應由社會成員普遍參與作出的

呢？自然是那些對全體成員都有深遠影響的決定。但哪些是嚴重影響他們全體的決定呢？這一問題沒有現成的回答。在許多特定情況下，社會性質即足以明確回答這一問題。在另一些情況下，哪些問題應由全社會成員決定可能並無一致意見。在這一問題上的衝突可能由於在社會的基本目的上產生了分歧，如基本目的無分歧，則可能在集體控制時應以何種行動為範圍方可實現更大目的上有不同意見。甚麼問題應屬於社會決定的事務，理所當然地是一個引起爭論的問題。

儘管這一問題在某些特定情況下難以回答，但以掌握民主的實質為目的時並不需要回答。關於其實質，亦即民主的定義，我現在提出下列說法，當然，我知道這種說法還大有改進餘地。我下的定義是：**民主是一種社會管理體制，在該體制中社會成員大體上能直接或間接地參與或可以參與影響全體成員的決策。**

在這一基礎上，我們即可奠立一套前後一致的民主理論。不可或缺的第一步是必須先仔細分析參與及參與的規模。這一步可以達到兩個目的。第一，因為在此項定義中參與是具有關鍵性的概念，對參與的分析可以進一步闡明民主。第二，弄清參與的具體內容，就可以對任何實際社會所實現的民主程度作出理性的估價。

第二章　民主的尺度

2-1　民主的廣度

　　民主的廣度是數量問題，決定於受政策影響的社會成員中實際或可能參與決策的比率。在十全十美的民主體制中，所有受政策影響的都可以起一定作用。但在大多數情況下，這只是一種理想。在任何規模很大的社會中，如國家，要使全社會的正式成員在決策過程中都起到一定作用，是根本不可能的。即使把許多影響政策的間接方式也視為參與，在某些具體問題上，一部分有關的成員也不一定施加影響。如果是這樣，這種民主在廣度上是欠完善的，但它仍可能是良好的。

　　全社會成員中參與者應佔多大比例始可列為"民主廣度不夠"、"民主廣度正常"、"民主廣度極大"，這將永遠難以準確地測定，因為對某種民主作明智的評價時，必須考慮到許多具體情況。具體情況之一是社會的規模；其二是社會的類別；其三是已經決定的某些問題的性質。在全國選舉中百分之七十五的公民參加投票可能是高的，但這個數字在立法機構的審議會上就可能算是低的了。在委員會或會社中，全體參加可能是合理的要求，但在擁有萬計或百萬計的社會中，就成為不合理的理想。在同一社會中，如立法機構，在關係重大的

問題上幾乎可以指望全體出席，但在影響較小的問題
上，則難以指望。

用數字來衡量一種社會體制雖然不夠精確，但在進
行比較時，還是不失為一種有用的尺度。我們完全可以
說，如其他情況相同，百分之九十的公民參加投票的選
舉所取得的結果，比百分之六十的更為民主。同樣性質
和同樣大小的社會，其中能經常吸引大部分公民參加投
票的，可以說是更民主一些。當然，"其他情況"在事
實上可能不相等。參與的成員比例小一些的社會可能被
認為廣度以外的其他方面具有更健全的民主。關於其他
方面，我將很快談到。

在廣度的範圍內還需要作進一步的區分。**民主廣度
的實質是社會成員中參與決策的比例**。如果我們承認即
使在最民主的社會中，至少也會有一部分成員不參與某
一特定問題的決策，這些未參與的成員可以按其未參與
的理由分為下列四類：

(1) 因官方某些規定如社會的某種條例與法令禁止參加
　　的；

(2) 雖有權參與，但引以為煩，不願參與的；

(3) 官方雖無明令禁止，但為社會中某種情況所阻，不能
　　參與的；

(4) 蓄意不參與的。

　　如果要對某種民主作正確的評價，或增加它的廣度，必須慎重區別這幾種類型以及未參與者在該社會中屬於哪種類型。首先要看到在這四類中只有第一類是正式規定的，即法律規定的，其他均是出於非法律規定的原因，即事實上的。其次，要看到在一定情況下，任何人類眾多的民主社會中未參與者必然包含上述四類混雜的情況，而且，即以每一種類型而論，其動機也可能是複雜的。這就意味着這種分類法常常難以運用於具體事例中，但仍不失為一種重要的方法。第三，要看到未參與者的各種類型都是民主的缺陷，雖表面結果似乎相同，但這種缺陷的類別與原因甚至其嚴重性，可能大不相同。只有第四類，蓄意不參與的，可能是這一原則的例外，這一類與其他類看來在基本上是不同的。現對未參與者的各種類型作一番仔細的探討。

　　（1）民主廣度結構上的限制。如以法規或法令禁止一部分正式社會成員參與影響社會全體的決策，這種民主在結構上是不完善的。婦女獲得選舉權以前的英國和美國，以及某些以財產作為參政條件的社會都明顯地屬於此類。在此情況下，要擴大民主就必須改變該社會成文的或不成文的法規。就英國的婦女選舉權而言，就必須對基本憲法作具體修改。在另一些情況下，雖不是如此明顯地更改憲法，但也必須公開地，或至少通過重新解釋，修改支配該社會結構的根本法則。

　　廣度受到限制的民主，其結構性缺陷的嚴重性是由許多因素來決定的。首先要看限制的法律是否嚴格執行。其次要看受限制的人類佔多大比例。第三，也是更難的一點，要看廣度的縮小能在多大程度上促進其他方面的民主。例如，以有無文化作為取得選舉權的條件雖然明顯地縮小了廣度，但可能有助於改善平均深度。

　　其他方面頗為民主的社會，能夠並且曾經長時期地容忍某些結構上的缺陷。但結構上對參與的限制有其獨特之處，不論所限制的人數多麼微不足道，這種限制顯而易見是不民主的。它把阻止全體的參與形成制度，而且引起社會內部的統治力量故意不相信人民，至少，不相信全體人民。

　　（2）自己缺席而未參與者。社會成員由於忽視或冷淡而未參與也是民主進程的一種缺陷，但其原因卻大不相同，而且不怎麼明顯。可以在選舉中投票但因引以為煩而放棄投票的公民減少了參與選舉的人數，從而使得選舉結果的民主性不夠完善。與依法禁止參與相比，這種缺陷，其嚴重性在某些情況下較小，而在另一些情況下則較大。說它較小是因為這種缺陷並未形成制度，無須立法或官方的行動即可彌補。因為這種不參與只是事實上的，要消除它不會遇到特殊的技術上或政治上的障礙。採用這種體制所產生的作用雖然可能縮小，但基本上仍然是民主的。歸根結底，更重要的還是要看作用；但如這種體制未曾行使剝奪參與的權力，那就是走向民主的非同小可的一步。另一方面，未參與這一事實，也可能表明存在着更為嚴重的缺點，因為同結構性的禁止相比，它具有更深刻的性質。如果受政策影響的人獲准參與決策，卻嫌麻煩而不願參與，那就可能意味着在該社會中自治的體制將因公民的素質而難以成功。在某一社會中，如自己缺席的未參與者為數很多，則可能說明該社會沒有實現我所謂民主的心理或氣質的條件（見第十章）。

這種缺陷的嚴重性也同樣要由許多因素來決定。不參與者是否一直不參與；放棄參與的問題有無重要性；尤其是要看不參與者人數在全社會中所佔比例。普遍認為是民主的現代國家，的確容許這種缺席的不參與者大量存在。我們不是說民主因此就已失敗，但我們可以說管理（而非法定體制）的實際過程在民主性上不夠完美。

（3）受社會壓力限制的未參與者。這第三類的未參與者雖然從表面看來是事實，實際上具有某種法定性質，通常是二者俱備，而從民主主義的觀點來看，則具備二者最壞的特徵。參與遭到故意的禁止（和第一類一樣），但不是法定的或正式的。在此情況下，是用習慣

及巨大的社會力量有效地阻止某些少數群體參與政治
（或減少其發言權）。美國人口中佔多數的群體以配合
一致的壓力，阻止黑人行使參與社會決策的權力便是一
例。黑人的遭遇並非絕無僅有，還有一些社會、倫理或
宗教的少數派也受到類似的排斥。奇怪的是，儘管近年
來批評民族與宗教歧視的浪潮洶湧澎湃，也不論這種歧
視導致了多少其他不公正的行為，卻只是偶爾有人認為
這種歧視基本上是反民主的。美國南部黑人的情況便是
最好的例證，說明社會壓力如何不通過法律就能迫使，
乾脆可以說是排斥，社會中一部分主要成員參與影響包
括他們在內的全體社會決策。

　　既非政府認可，又非立法規定的社會壓力所造成的
這種未參與現象，是民主最嚴重的缺陷。這種壓力不僅
從多方面傷害了個別公民和居於少數的團體，而且還為
反民主組織的建立提供了有詞可借的基礎。這種壓力間
接地完成並代替用直接行動去完成時屬於非法的一切。
而且，這種壓力雖不一定採取法定形式，但其無所不在
的影響普遍削弱了社會成員對自治能力的信心。這是對
民主的嚴重打擊，因為社會成員對自己及相互之間的信
心是民主賴以成功的條件之一。

　　（4）自己故意缺席的未參與者。出於自願而且是故
意的未參與者屬於另一種具有特殊性的問題。當社會中

　　某一成員認為自己有充足理由在某種情況下不參與，我
們難以把這種情況視為民主的缺陷。例如，他可能認為
選舉中候選人太少，範圍太窄，沒有太多選擇餘地，選
舉結果肯定不會使他滿意，因而棄權，作為對選舉的一
種抗議。或者，他可能認為問題關係重大，與其他參與
者相比，自己實在是一無所知，因而不願參與，以免損
及決定結果的質量。

　　探討這一類未參與者，在理論上有兩種可行的辦
法。第一種是假定在某一問題上，自願放棄發言或投票
的成員是有意作此選擇，好讓其他參與者為他作出決
定。我們可以說，在作出這一決定時他事實上已經參
與，雖然是間接地。他讓其他的參與者作為他的代理
人，由他們分享他的代表權。按此觀點，把這種情況稱
之為棄權是正確的，稱之為未參與，嚴格地說是不正確
的，因此，也無損於民主。

　　但這一解釋不能令人滿意。按照這一觀點，如果許
多人不參加某項選舉以示抗議，該項選舉的“民主性”
也不會因這種故意棄權而降低。然而，事實上，與棄權
較少的選舉相比，此種選舉就比較不民主。棄權並不都
等於指派代理人，這種解釋勢必無視它們之間的區別。
既然把故意棄權解釋為參與，當然也就不會認為主動放
棄投票權降低了民主的寬度。但在實踐中，要斷定放棄

投票的選民中哪一部分是故意放棄，根本是不可能的。因此，用這一解釋衡量民主廣度極為困難，而且必須非數字化。否則就必須確定未投票的原因，以便確定其中誰是或誰不是真正的參與者。這樣來衡量民主廣度的方法，在理論上是站得住腳的，但實行起來卻不勝其煩。

對故意缺席的未參與者，不論缺席的理由為何，第二種解釋均視為降低民主廣度。這樣，民主的廣度完全用數字表示，衡量時無須追究未參與者的動機。這種解釋方法的明顯缺點是：為了使社會作出明智的決定而棄權，也成了民主的缺陷。由於下列兩點理由，不能說這是真正的缺點：第一，較不民主的作法在某種情況下，能比較為民主的作法產生更為明智的結果，這是完全可能的。如果我們闡述民主的尺度時，不排除這種可能性是可以的。第二，我們也完全可以這樣辯解：在某些情況下，故意棄權降低了民主廣度，但是如果棄權的結果明顯地促進了民主的深度，那麼，這種降低依然是最有利於民主的。例如，就某一問題而言，許多人不夠了解，如果不夠了解的公民主動地不參與，這種故意降低廣度就縮小了對整個民主的危害。我認為這樣解釋故意棄權的未參與現象，在理論上是最清楚的，也是最恰當的。

按此觀點，故意不參與並不一定都會損害整個民主作法。但只有在社會面臨某些具體問題而民主主義者棄權時，才能為之作此辯解。如果在所有問題上都拒不參與，那實際上就意味着拒絕承認民主符合其需要，或者（如果他在原則上贊成民主）否認他是需要作出這些決定的社會中的真正成員。

為了消除缺席或棄權的不參與現象（第二和第四類），有些民主國家規定在全國大選中投票是法定的義務，這樣就使參與多少帶有強迫性。此種立法的理由大概是：第一，顧名思義，公民即社會成員，而全國國會的選舉是政府民主結構的具體體現。民主國家的公民必須承認自己對民主有信念，因此，不容許棄權。第二，這種參與對個人及整個社會都有好處，因為可養成一種習慣，而這種習慣正是民主所需要的。

上述理由中，第二點是基於一項與事實有關的見解，即法律的強迫可以使公民養成良好的習慣。看來，雖值得懷疑，但我還無法對此發表意見。第一點理由卻更成問題，因為它雖不明說，卻已暗示民主國家在原則上可以不顧其公民是否喜歡，有權強迫他們接受民主。照此看來，這樣的法律實在是毫無依據地對公民的個人生活進行干涉。有些人可能會說這種法律為民主增添了力量與安全，這便是立法的依據。但這種強制性的參與能否真正加強民主社會仍然大可懷疑。更可能的是強迫會增加敵意與分歧，而且必然要降低民主的深度，使那些出於個人私利而操縱公眾參與的人有機可乘。進一步說，強迫全體參與還降低了大多數人主動參與在道義上和政治上的影響。拋開所有這些後果不談，即以投票是法定義務而言，這樣的規定似乎忘記了民主政府的實質，因為，從長遠來說，民主的安全與穩定，歸根結底要依靠公民們自己有參與的內在願望，而不能依靠任何外在的要求。

關於這四類未參與現象，最後應指出的是，近來有把參與和投票等同起來的趨勢，因而把未參與和放棄投票也等同起來。這是錯誤的。民主的廣度不應僅僅按投票行為來衡量。如果某一社會成員投票時的確是自由的，根據這一事實，我們就可以稱他為參與者。但參與決策還有其他重要途徑，有些卻不是同樣明顯，或同樣可以數計的。以其他形式參與的人，如有權投票，可能也參加投票，因此，用投票的百分率作為一種粗略不全的尺度衡量某一社會（尤其是人數眾多的社會）的民主廣度是有理的。就因為投票僅僅是參與形式之一，為了全面地評價民主，不僅要檢查其廣度，還必須檢查其深度。

2-2 民主的深度

民主的廣度是由社會成員是否普遍參與來確定的，

而民主的深度則是由參與者參與時是否充分，是由參與的性質來確定的。從某種意義上說，深度的衡量居於次要的地位，因為一種民主必須先要有一定的廣度，才能評價其深度。一個社會內少數人完全而且有效的參與，不能構成民主。取得了合理的廣度以後，下一個問題便是要看參與者參與時是否充分、有效。

在實際情況中，作出這樣的評價是相當困難的，只有經過嚴密的考慮以後，知道了許多社會成員參與的性質，然後再集合起來考慮，才能對該社會民主的整個深度作出合理的評價。但各成員參與的性質不能簡單地估定；考慮必須是多方面的，兼顧到該成員不同活動方式的特點。評價深度顯然不是用數量表示的問題。

但對深度作出大致評估還是可能的。有人可能會說，在獨裁制度下，既然群眾的意見可能對獨裁者的政策有影響，應該承認群眾也參與決策。但個別的參與者（如果可以這樣稱呼）太少，以致毫不足道。獨裁者的決定中，臣民們所有意見的分量僅是一個因素，而且可能是無足輕重的。當許多人一致同意的意見可以被一個人或少數人否決時，人民肯定不是治者。另一方面，在人數眾多的民主中，一個公民的投票可能微不足道，但綜合起來的票數卻是舉足輕重，具有支配力量的。因此，在大型社會中，如其成員要實行自治，投票是有實際需要的。投票權及其使用是衡量參與深度的水準基點。

　　但投票只是參與的一種形式，很容易識別，不過，常常是表面性的識別。公民投了一票，有助於確定採取何種行動，但充分的參與則包括投票行為以前的許多活動。民主社會中起作用的成員會積極參與社會的思考，投票只不過是思考的最後一步。他們會提出可供選擇的行動方案，抨擊或維護別人的提案，調查或匯報有關社會公益的問題，或者以各種方法影響其他社會成員的意見。這些活動在最後階段都可能算作決定性投票時（如需要正式投票）的一部分。很明顯，最後投票只是社會成員參與的一個方面。

　　民主化常被視為擴大參與社會事務的過程。如目標是將民主引入尚未擴大民主的社會中，這樣說是有道理的，因無一定程度的廣泛的參與，即無民主可言。但今日政治社會所迫切需要的是擴展參與的深度。如事實上沒有實行普選，但至少在法律上有此規定比沒有法律規定的更接近民主。當今最需要的是要提高已經實現的參與的質量，使之更加充實。理想的民主不應僅僅是讓公民們在湯姆和哈里（或沒有競選對手的亨利）之間選擇一人就算是參與了管理，而應該讓他們在力所能及的範圍內識別問題，提出建議，權衡各方面的證據與論點，表明信念並闡明立場，推定黨的候選人──一般而論，即促進並深化思考。**如果一個社會不僅准許普遍參與而且鼓勵持續、有力、有效並了解情況的參與，而且事實上實現了這種參與並把決定權留給參與者，這種社會的民主就是既有廣度又有深度的民主。**

2-3　民主的範圍

在某一特定社會內，決定共同有關的某些問題時，參與可能是廣泛的，有一定深度的，而且是有效的，而在決定另一些問題時，廣泛參與可能毫無作用。這樣，我們就可以説在一定範圍內實行了真正的民主。但範圍有多大，這是全面評價該社會民主時的重大問題。在何種問題上人民的意見起決定作用，以及對人民意見的權限有哪些限制，根據這些就可確定該社會民主的範圍。範圍愈廣（只要有共同有關的問題），民主的實現就愈充分。

民主的範圍是個不易捉摸的問題。因為在一定社會內確定人民的意見在甚麼問題上確實起決定作用是極為困難的。為了便於確定，不妨回顧一下前面談過的政府一詞的指導方面與管理方面的意義及二者的區別。按前一意義，管理者是為社會領航，選擇前進的方向；按後一意義，管理者通過立法與行政貫徹重要決定。只有按前一解釋，社會成員才有可能自己管理自己。按後一解釋則幾乎總是可以區別為管理者和被管理者。為了與這兩種解釋保持一致，衡量民主的範圍時，可以分為兩級。第一級是最高權力範圍，第二級是有效權力範圍，均指確實由社會成員掌握的權力。茲將最高範圍與有效範圍區別如下：

在任何社會中，民主的最高權力範圍是根據有關公眾在哪些問題上享有最後決定權來確定的。社會成員很可能故意採取某種決策程序，主動放棄對某些事務的直接控制。由於人數眾多所造成的困難，這是經常（但非總是如此）發生的。在人數眾多的社會中，由全體直接參與一切或大多數有關決定是不可能的。所以，民主國家常常需要想出一套辦法，能滿意地解決那些不宜由全體成員共同處理的複雜或技術性強的問題。

辦法可能有兩種。一是純粹用代表制，由人民選舉代表代理他們處理某些事務。這裡要指出的是：代議制不一定會限制民主的最高權力範圍；如果選舉代表時容許既廣且深的參與，而且代表又確能反映選民的要求，代議制政體就可能是真民主的。

此外，也可能不採取代表制的決策方法，而通過民間途徑以處理某些領域內的複雜事務。獨立的商業、教育、宗教團體可以作出影響全社會的決定，而這些團體之所以有此權力，最終還是由於人民願意這樣分散決策權。在這種情況下，如果人民對民間決策團體保有限制與管理的權力，民主最高權力的範圍也不一定就受到了限制。

　　總之，人數眾多的民主國家確有實際需要，發展間接控制的體制以處理其管轄下的不同領域的決策。所選擇的體制可能是多種多樣的。只要是由社會自由選定的，而且該社會有法定的權力可以井然有序地加以修改或者廢除，就可以正確地說這些事務的處理仍在民主最高權力範圍以內。

　　在任何社會中，民主的有效範圍是由兩個因素來確定的：（1）全社會實際參與決定的問題有多少，有多大重要性；（2）社會成員如果願意的話，通過間接控制的正常體制在影響或改變決定方面能起多大作用。

　　除開人數最少的社會，民主的有效範圍不會沒有某種局限性。在人數眾多的社會中局限性更大，因大量問題迫切需要間接的決策而使這種情況難以避免。的確，設立代表機構就是有意縮小民主的有效範圍。這種機構常常是必不可少而且合乎需要，這一事實本身就證明無限地擴大有效範圍，對民主而言並不總是有利的。何種限度才算合適，這在很大程度上要根據社會的大小與性質以及需要解決何類問題才能確定。

　　因為民主社會的成員傾向於主張盡可能擴大民主的有效範圍，而且因為代議機關確實縮小了有效範圍，所以，在某些民主國家中存在着一種抵消的趨勢，要把原屬代表管轄的問題劃入公眾直接控制的範圍，至少是想看到有這種轉移的可能性。這種傾向對民主可能有好作用，因為它可使代表們對公民的需要更為敏感。但也可能在下列兩方面起到不好的作用：第一，過多地消耗選民的精力，結果雖然可帶來有效範圍的擴大，但卻要以嚴重犧牲參與深度作為代價。第二，把（或要求把）某些問題從代表的管轄範圍內劃出來，這種趨勢可能干擾代表正常行使其應負的職責，因而從長遠來說，會損害代表機關的效率與作用。對代議制的民主作任何理論上的探索時，不可避免地會出現這些問題。

必須坦白承認，大多數人數眾多的民主社會以及所有民主國家，都對有效範圍加以嚴格的限制。如果民主的範圍與有效範圍是同一事物，如果不考慮有效範圍與最高權力範圍之間的重大差別，這一事實本身是令人驚愕的。但是，（a）把原則上應由公眾決定的某些問題劃在公眾控制的範圍以外，（b）某些問題，由於其性質微妙或者複雜，人民自己確定不屬公眾直接控制的範圍，但在原則上仍須服從人民的意願；這二者之間存在着巨大的差別。在民主國家中，後者是習以為常的，因為縮小的是有效範圍，而不是最高權力範圍。前者是縮小最高權力範圍（當然也縮小有效權力範圍），因此，直接危及該社會的民主性。

在某一民主社會中，最高權力範圍究竟多廣，在不

同情況下，都是需要根據經驗來回答的嚴肅問題。但在
變化無常的政治事務中，要確定有多少和重要性多大的
共同問題被排除在人民的最高權力之外，常非易事。可
能找不到肯定的答案。馬克思主義者，還有一些別的
人，常常批評西方政府的所謂民主是虛偽的，因為他們
（批評者）認為是最基本的問題，即經濟問題，並非真正
由社會成員控制。這是嚴厲的批評，必須回答。我的看
法將在討論民主的經濟條件時談及。有些人以同樣方法
對某些社會主義國家的所謂充分民主，提出反駁，他們
所持理由也是認為許多重大問題不是由人民決定，而實
際上是由自選的少數掌權者決定。在某些拉丁美洲國
家，永遠居於統治地位的家族群，常被稱為寡頭，這並
非因為選舉只限於在少數人範圍內進行（可能全部公民
都有選舉權而且必須參加選舉），而是因為人民雖能普
遍參加全國性"民主"選舉，但在重大問題上他們的意願
似乎很難有所影響。有時竟使參與機構不能發揮正常作
用，通過幕後交易或難以具述的方式，違背群眾的利益
與意願，對那些與整個社會有關的重大政策作出決定。
凡適於接受這種批評的地方，民主的受挫並不是由於參
與的廣度與深度有何限制（可能還是充分的），而是因為
最高權力範圍實際上受到限制。對各種民主來說，公眾
在決策過程中的權力範圍一直是而且仍然是中心問題。

第三章　有關民主的某些一般説法

3-1　不正確的説法：常見的謬誤

民主管理的社會是社會成員自治的社會，在該社會中被管理者參與制定一切與他們有關的指導性的決定。這種説法早已有之，但這種探討民主的途徑在分析參與方面尚無多大改進，而參與是問題的核心。因此，説民主是被管理者參與治理時，有人認為是太天真，不切實際。其實，並不一定如此。如果認為參與管理必須採取鄉鎮會議或類似的形式，那才是天真和不切實際。這種原始的參與管理形式，常常是民主參與説的批評者所要否定的。由於在政治事務的範圍中，鄉鎮會議的管理通常是行不通的，而且很少採用，所以，把民主解釋為通過參與進行管理的説法棄之不用，而傾向於根據其他某些特點來解釋。

這些替代的解釋從表面來看常常是言之成理。其所以如此，是因為這些解釋把重點放在某些真實而且重要的民主成果上，或民主的某一方面，而民主的基本核心則被忽略。前面已經討論了民主的本質及其尺度，現在就有可能對這些常見的謬誤加以鑒別。對這些替代的解釋，我將不分別加以批判，我只是舉述導致它們拋棄民主的參與理論而另創新説時的疏忽與謬誤之處。

（1）**不認識參與的複雜性，或對可能出現的幾種尺度不加區別，這幾乎是它們共同的不足之處。**因此，要想明智地處理民主的理論與實踐中不同尺度所造成的問題是不可能的。主要原因就是用最原始和最明顯的直接民主的形式去鑑別是否參與管理。而且，在具體社會中參與在某些方面出現缺陷，如果不加區別，要想明確指出該社會中管理方面哪些不夠充分民主是不可能的。總之，把民主解釋為參與已常被拋棄，因把這種解釋運用於實際社會時，所需要的分析方法還沒有想出來。

（2）**認為民主作為一種管理體制，只存在於或主要存在於國家社會中，這已成為一種趨勢。**結果是對民主可能採用的形式或制度形成極為狹隘的觀點。所以，我們發現某些理論家把民主與代議制等同起來，或依照政黨的行為，或依照選舉的自由，或依照成文憲法的條款等來解釋民主。在龐大的民主國家中，這些確是極可重視的。然而，一旦把注意力集中在這些制度上，就可能忽視參與的基礎，因為，這樣一來，那些可能並不需要民主國家這些特殊手段的自治社會，就會被排除在注意範圍之外。既然承認民主是任何大小社會成員自己管理自己的一種方式，在理論上作出解釋時，就不能只依據僅在某些特殊社會中出現的制度與其他特徵。

（3）**尤其是範圍的尺度方面，民主即參與的解釋，**

下一步要求甚麼，在這一問題上得出的結論是不恰當的，也是錯誤的。承認民主性即社會成員參與管理所發揮的作用，但卻錯誤地認為：如果是真正的民主社會，每一次重大決策過程中，這種參與必須是歷歷可舉的。對於最高權力範圍與有效權力範圍普遍不加區別，結果是把參與範圍僅僅與有效範圍等同起來。就目前而論，如前所述，在一些較大的民主國家中，有效範圍必然是很有限的。由於這一事實以及某些理論未能作出必要的區別，使許多政治理論家斷言用參與解釋民主是難以令人信服的。他們的論點是：如果某一國家的確是民主的，但該國中與公眾有關的大量決定並非由全體公眾作出，那麼這個國家之所以成為民主國必然是由於別的因素，是由於緊張關係出現某種平衡或某種保護權利的制度。於是，就會出現這樣的定義：民主是社會主要勢力大致保持平衡的體制；或，民主是一種領導人必須爭取成員支持的體制；或者民主是憲法對基本自由的保障確能付諸實行的一種體制。

這樣來解釋民主，錯在倒果為因。在一個健全的民主國家中，內部勢力的大致平衡，候選領導人之間的競爭選票，這樣的事是必然會出現的。但是這些情況的出現是公民們參與的結果，而公民們基本上就是內部幾種勢力集團的成員。在這樣一個社會中，必然會組織政

黨，憲法保障也必然會逐步實現。但這些都不是我們所
說的民主。因為，可能這樣設想（有時甚至可用事實證
實），所有這些現象都不一定在民主社會中出現。在討
論民主國家大多數統治的原則（見第五章）及民主國家
中的代表權問題（見第六章）時，我將說明這幾種常常
受到稱道的組織特徵，如何在較大的社會中可以作為手
段而起作用。這些手段是設計出來為自治的體制服務
的，把這些手段與自治體制混淆不分是普遍而且不幸的
錯誤。

（4）**某些對民主的解釋本欠完備，加上過於狹隘的
"現實主義"，更形偏頗，而鼓吹者對這種"現實主義"
還自鳴得意。**這些理論家的觀點是：如果要認真對待民
主國家問題，現實世界必須存在十全十美的民主國家的
樣板。他們的確認真地對待民主，但否認民主具有我所
說的那些性質，因為本書所描述的多面的理想，還沒有
在國家範圍內實現過。因此，民主必須從其他方面來認
識。我們稱之為民主國家的，有何共同之處呢？還不就
是政黨、選舉、爭取支持等等。為了要"現實"一些，
於是就選擇了這些作為識別民主的主要標誌。這種作法
有三方面的錯誤。

（a）誤解了政治現實主義與政治理想的作用。對政治
界的實際情況進行實事求是、頭腦清醒的觀察，當然是可

取的，但觀察的結果卻錯誤地當成理論的目標。實踐中的民主不可避免地會有缺陷；理想中的具有廣度、深度與寬度的民主可能還未實現，或甚至是不可能實現，但仍可在理論上起樣板的作用，供實際社會模仿。當然，如果一個人願意的話，他可以把他看到的某種社會稱之為"民主的"。這可能歪曲這個詞的通義，但只要他自己知道幹了甚麼，這也無關宏旨。然而，"民主"一詞有不可忽視的魅力。隨意套用這個詞，結果會將這個或那個國家中的現有情況，提高到理想的國家管理體制的地位。現存民主都不夠理想，但可以改進。按照那些所謂現實主義者的作法，就不可能弄清如何進行改進。如果一個政府已被奉為民主的楷模，怎麼可能使它更民主一些呢？下一步應該向哪個方向前進呢？無疑，又要為它制訂一套新的目標。還不如坦白一些，從理論上也好說一些，公開承認在所有國家中民主還是遠未達到理想，雖然在這個或那個國家中，某些制度可能明顯地有助於（或妨礙）這一理想的實現。政治上的現實主義者如實地告訴我們我們現在何處，但沒有告訴我們要去何處。

（b）國家之間常為自己在多大程度上實現了民主發生爭論。如果指稱某一政府或某一套國家制度是民主的，那只會使這一問題益加混亂。聲稱某些國家是民主的，是要以武斷的方式來解決這類問題。這是用未經證明的假定來進行辯論。問題的焦點是這一套或那一套國家制度是否更民主一些（或不太民主）。這一問題的合理性及其嚴肅性就說明，根據某些現有政府的情況來解釋民主是多麼不夠允當。

（c）最後，"現實主義者"的癖好，把注意力集中於國家制度、政黨組織、以及領導人的競選等等，易於助長前面談到的同樣狹隘的理論，即對民主的解釋只適用於國家，而不適用於日常可見的那些有重要性的小一些的社會，這些社會當然也可區分為民主的或不民主的，而且不應按引申的或次要的意義來區分。

（5）**民主政府即以被治者的同意為基礎的政府，這是一種很普通的說法。**就某一重要意義來說，這種說法是正確的，但作為民主的定義卻不夠完備。即對民主而言，被治者的同意是必不可少的，但被治者的同意不能單獨地構成民主。人民心甘情願地接受他們君主的專制統治在歷史上是屢見不鮮的，甚至在近代也可找到這種事例。即使胡猜亂想，總不能說第二次世界大戰前的日本和德國政府是民主的，但它們得到人民滿心的同意卻是不能懷疑的。沒有公民的同意就不可能有民主。但這並不等於說民主與獲得同意的政府可以等量齊觀。同意是民主必不可少的條件，但不是唯一的條件。

然而，民主理論中，同意的作用還不能這樣簡單地處理。那些在民主與取得同意的政府之間劃等號的人，不一定會犯這樣簡單的錯誤：將必備的條件與完備的條件混為一談。他們是何想法？在他們心目中，可與民主相等的被治者的同意決不僅僅是默認或接受，含意一定要多一些。consent（同意）這個詞的詞根提供了一些擴大其詞義的依據。"con-sent"－feel together－有同感，至少在眼前所要採取的行動上有同感。他們一定認為同意指的是共同行動中這種潛在的感情上的一致。這一概念怎麼會與民主一致呢？情況可能是這樣。很清楚，在一個民主國家中，人們必須承認政府許多法令是合法的，其中有一些在實質上卻是不同意的。即使他們可能認為某一法案是極不明智的，但在該法案的執行中他們承認有義務表示默許。在這種情況下，法令的合法性似乎來自普遍給與的同意。這一分析就其本身而言是正確的，但僅止於此。在一個民主國家中，使政府的法令具有合法性的並不僅僅是來自同意。合法性的來源不如說是來自產生普遍同意的政治過程。在這些法令上其所以給與同意（包括那些實質上的反對者），是因為這些決定是通過民主的方式來取得的。認為被治者的同意就是民主，那是錯誤的，但人們容易陷入這種錯誤，因為普遍同意是採用人人可能參加，而且人人都負擔義務的決策程序的自然結果。在討論過程中，激烈反對某項決定的人，可能同意執行該項決定。這並不意味着通過決定時他必須改變對決定的看法；他可能仍然認為該項決定是剛愎自用、缺乏頭腦的。但他對政府該項法令的同意是真誠的，因為他自己已經（或可能）參與這一問題的解決。對這一參與決策的體制，他是要承擔全部義務的。

當然，這是解釋被治者對自治政府的同意。並不是所有的或大多數的人民對他們領導人的同意都能用這種方式來分析。這是極為重要的一點。有這種基礎的普遍同意就是民主的，而缺乏這種基礎的就可能是對獨裁者或寡頭的決定的同意。也就是說，被治者的同意並非民主所獨有，雖然這種同意是民主的自然結果。

總之，被治者的同意只有正式通過一定管理程序，才具有通常所賦予的深刻的重要性。這種程序必然包含全體公民方面的積極行動或有意的克制。這就是為甚麼深深地建基於“同意”的有關民主理論所包含的意義，一般要比同意的含意多得多。這些深一層的基本要素就是此處正要探索的參與過程。

用參與管理來解釋民主就可能始終避免這種錯誤與局限性，為了證明這一點就成為本書的累贅，因為這種參與是極為複雜的。我的論點是：**只有這樣一種解釋，才能公平地對待民主，即把它視為一種治理的目標和一**

種實際可行的管理方式，可以在各種各樣的大大小小的社會中不同程度地實現；同時，為選舉、政黨、憲法保護的權力及其他民主國家極度珍視的制度等所發揮的作用，提供前後一貫的說明。

3-2　如何評價民主

看某一社會在多大程度上實現了民主，這要依據許多因素來確定：決定政策時參與的廣度，參與的深度以及在哪些問題上參與確實或可能有效。如果要對民主每一方面的成就進行相互比較或將各方面結合起來對總的成就評定等級，都還沒有現成的公式。這些因素中只有一個可以粗略地用數字表示，其他兩個基本上是不能相比的。這一切說明我們所要討論的問題是何等麻煩。這不僅是由於廣度與深度如何才算適當，會因社會的大小、目的不同，而有所不同；而且由於不同的廣度、深度與範圍這三者結合起來也可以形成不同的、但基本上卻是民主的政府。在大多數普遍有關的問題上，全體都能作某種程度的參與；或者參與的問題少一些，參與的百分比小一些，但參與的深度要大一些，這二者之間是否前者比後者更民主一些？回答當然是：要看情況。要看“一些較小的百分比”小到甚麼程度，“一些較大的深度”大到甚麼程度，要看甚麼樣的問題被排除在公眾參與的範圍以外。還要看社會的大小，以及該社會把成

員組成為共同體的目的何在。總之,看一個社會的民主
實現到何種程度,要依據許許多多的考慮,而這些考慮
無不與社會成員以各種方式參與公共事務有關。

所以,像人類社會中其他大多數事務一樣,民主是
一個程度的問題,而且是多級的程度問題。評價民主時
要回答的關鍵問題不是"它在何處?"或"它不在何處?"
**而是(在號稱以民主為目的和理想的地方)"它有多深多
廣?","在哪些問題上它確能發揮作用?"**

其所以評價民主,很可能是因為有此願望要加以改
進,至少,想知道如何方可加以改進。但這個社會的民
主如何方可改進,這一問題含義極不明確。"改進"可
能意味着兩種截然不同的解釋。這一問題可能問的是如
何始能擴大或深化民主,或在某些方面使之完善。這
樣,問的主要是一個號稱民主的社會如何方可較充分地
實現民主的目標,如何更民主一些。不論民主的理想如
何廣泛地深入人心,要在各方面都實現其目標,那是很
難達到的。要使民主在性質上完善一些,這一任務就涉
及廣度、深度與範圍的擴大。只要以民主為理想,對其
尺度有所認識,我們就會更好地為其完善而努力。但要
實現這一理想還需要明瞭民主政府成功的條件以及如何
利用與支配這些條件。

另一方面,問這個問題的人的主要興趣所在,可能

只是想（他也相信）該民主政府的政策能有所改善。他
可能想使政府執行的法律公正一些，政策明智一些。這
種目標就將涉及用某種或某些價值觀念，如進步、權
力、愛好和平等，來判斷法律的公正或政策的明智，而
這些觀念並非民主的內涵，可能或者不可能由民主來實
現。在一個民主社會中，只要其成員在提高，即參與決
策或選擇決策者的那些人在信仰及態度方面不斷改善，
這種目標終究一定會達到的。實行人民自治的地方，如
果人民好一些，政府必然也會好一些。比較明智的決策
者會作出比較明智的決定，從長遠來看，這種假設是有
道理的。但是具體政策的改變，轉向擴大或轉向緊縮，
轉向和平或轉向戰爭，如此等等，都不屬於民主的範
圍，因為民主只是一種管理體制的原理。民主社會中的
成員可以尋求對政策或綱領作任何改變；但只有在這種
改變直接影響社會成員參與的能力時，才能以民主的名
義來尋求。所以，歐內斯特·巴克關於民主方式的說法
是有見地的，他說：“民主方式不是一種解決，而是一
種尋求解決的方式──不是專為這樣或那樣特定目的服
務的一種國家形式……而是不問目的為何，但採用單一
的手段與方法以決定目的的一種國家形式。民主的核心
是選擇，而不是已經被選擇的，是在許多意見中進行選
擇，同時，選擇一種終究能調整這些意見的方案（《社

會與政治理論的原則》1951年版，第207頁）"。因此，第二種意義的改進，民主國家的公民作為評價者及參與者，當然是極為關心的，但不一定與民主本身有關。討論民主進程的基本原則時，也非我所關心。在真正的民主國家中，甚麼樣的人民就會得到甚麼樣的領導人與法律，認識到這一點，既令人不安，又使人放心。

3-3　民主形式與民主進程

一個社會在多大程度上實行了民主，不是由結構形式來確定的。結構可能有助於，也可能無助於，實現真正參與的決策過程。過程就是行為，民主過程就是某一種行為。這就是為甚麼民主永無完成及完善之日的理由。民主是一種做事的方式，這種方式會比較充分或不怎麼充分地在做的當中體現出來。關於民主有這樣一句話，我們不能只是佔有它，樹立它，而是要繼續不斷地在行動中實現它，體驗它。這句話包含着深刻的真理。

因而，任何社會的民主不可能是靜止的。每日每時在每個決定上參與的成員，都在不斷地變化。在同一時期內，也可能在幾種尺度方面有程度上的不同。承認這幾種截然不同的尺度，好處是便於我們進一步洞察民主的可變性。participate（參與）這個動詞，本意就是 take part（參與）（拉丁文 *partis , capere*）。社會成員多廣多深地以及在甚麼問題上參與共同有關的事務，這不是已經做了些甚麼的問題，而是現在正在做甚麼的問題。民主永遠處於尚待改進的狀態，而改進的過程是永遠也不會完成的。

這是一般區別民主的實質與形式的關鍵所在。關鍵是要區別處於動態的民主進程及可能體現、也可能不體現該進程的相對穩定的制度。我們往往願意着眼於正在進行的決策過程的性質，而不是着眼於這些過程所用手段的形式。真正的參與可以通過各式各樣的制度來實現；民主有不同的大小和類別，議會制、總統制、正式的和非正式的。但任何一種或一套政治設施的存在並不能保證擁有這種設施的社會享有真正的民主。選舉人可能受到脅迫，選舉可能受到控制，法庭可能營私舞弊。憲法的尊嚴與民主可能受到藐視與踐踏。這並非小看民主制度的形式，也不是忽視進行有效參與時它們所起的重要作用。選舉、法院與憲法作為民主的手段可以起無法估量的作用，但它們還不是民主。如果把它們當作民主，就是太注重形式，而忽略了它們為之服務的那一過程的實質。

在這一方面，我們常常受騙。不僅其他國家，其他社會的假民主會使我們受騙，我們自己所在的國家與社會的徒有形式但無內容的民主也會使我們受騙。我們必須牢記**民主的存在與否，不取決於任何形式的制度，而**

取決於實際決策過程的性質。

　　民主的實質比它的形式要重要得多。當民主在活動時，形式只提供一個框架，政治活動可以在這個框架內持續進行。但這些活動可能越過或超過形式的界限。如果社會中民主精神洋溢，任何一套形式恐怕也不能完全容納。所以，健全民主的標誌之一就是不斷改進形式，為促進更廣泛更充分的參與創造出新的手段。

第二部分　民主的前提與手段

第四章　民主以社會、理性為前提

4-1　基本前提

前面已說明甚麼是民主，現在要討論的是民主的前提。被治者參與管理在任何時候、任何地點都是不可缺少的，如果缺少就是不可想像的，是甚麼呢？當前，許多從未有過民主政府的地方都普遍致力於建立民主政府，對這一問題的回答，從根本上說是十分重要的。如果民主要以人類歷史上僅僅偶爾出現過的情況作為先決條件，那麼我們對於民主的前途就只能是悲觀的。如果民主要以根本沒有出現過的情況為前提，我們的結論就只能是，民主是不可實現的理想，除非有理由指望將來出現目前還不存在的情況。另一方面，如果民主以普通或普遍可見的情況為前提，那我們就有理由相信它是可以實現的，可以指望它不時出現。

當然，僅有前提還不能保證民主一定成功。要成功地實現民主還要求具備更多的條件。民主的前提，從邏輯上說，當然應當佔先。

民主最基本的前提是**要有一個社會，它可以在這個社會的範圍內進行活動**。要對某種特定的民主進行合乎理性的討論，其前提也必然是要對已經（或可能）實現這種民主的社會有所了解。民主的過程是集體參與管理共同事務的過程。要使這一過程能夠繼續下去，一定要形成一個群體，這個群體的成員有着某種共同的利害關係，成員的身份也大致可以辨識。只有當某種共同關心的社會存在時，它的成員才會決心結合在一起，參與共同事務的管理。不使用社會這一概念，要想說清楚民主是甚麼，是不可能的；前面討論民主的性質時，當然也是基於這一概念。現在我將進一步說明社會在民主理論中的地位。

可以供民主活動的社會種類繁多，不勝枚舉。就範圍而言，可以小至家庭與社團，大至國家與國際社會。民主社會持續的時間與大小，可以千差萬別。宗教社會可以延續幾千年，以民主的方式追求世俗的或永恆的目標。一夥並無其他共同利益的人，為了克服某一共同的障礙，也可能在幾天或幾個小時的期間內實行民主，以尋求達到其目標。實行民主的社會可能以也可能不以地理為界限，對成員的要求可能是正式的，也可能是非正式的，可能是明確的，也可能是不明確的。持續時間、大小、所在地點以及正式手續的任何組合，都可構成某一民主社會的特性。不論甚麼情況，必須有某種共同利益或問題，有某種利害關係把成員團結起來，形成哪怕是鬆散或短暫的自覺的整體，這是絕不可少的。只有在某些社會中，自治才能持續進行。

4-2　政治社會與公民權

　　一般社會可以分為兩類，政治的和非政治的。前者
如鄉鎮、城市、民族國家；後者如家庭、聯誼組織、宗
教團體。二者都很重要，不能輕此重彼。在政治的或非
政治的社會中都可以（但不一定都需要）實行民主。無
論哪種社會，要實現民主就要求社會成員必須認識到自
己是（或被認為是）該社會的成員。這是絕不可少的，
因為誰可參加一定社會的民主事務，必須是基本上可以
確定的。

　　政治社會的特點是在一定地理領域內的人普遍具有
成員資格。當然會有某些邊緣情況，即某一領域內的居
民尚未取得當地國家的正式成員的資格。但一般來說，
政治社會包括所有城市或國家的一切居民。並不是每一
個政治社會都享有主權；例如城市，就只能在它所屬的
主權國家所規定的範圍內行使職權。即使不享有主權，
這種政治社會對其成員來說卻是極為重要的，因為他們
必須服從的法律和他們的生活條件大部分都是由它來決
定的。

　　國家一般指的是享有主權的政治社會。人數眾多的
而且享有主權的政治社會，其成員廣泛地而且長期地有
着共同利害關係。對這種社會的正式承認就使這一星球
分成若干民族國家。民族國家作為人類一種組織形式，

有的贊成，有的反對，不論他們説法如何，這種社會的
存在，過去和現在都是不可動搖的事實。

還有其他大型的社會，倫理的、語言的、宗教的等
等。它們可能不需要政府；需要政府時，可能以或可能
不以民主方式管理。一個人知道他是兩個或更多在方法
與目的方面均不一致的大型社會的成員，就是個人煩惱
的根源，有時要引起道義上的譴責。

**在所有人類社會中，政治社會佔據了極為特殊的地
位。**亞里士多德説，它是**"所有社會中最高級的"**，又
説**"它包含了所有其他的社會"**。即使有人不同意政治
社會是最高級的，包含所有其他社會，他也不得不承認
他享有成員資格的大多數社會都仰仗人類社會中這一較
大的社會，才得以確保安全或存在。就目前階段而言，
不論好歹，具有頭等重要性的政治社會就是國家社會，
民族國家。

政治社會中的成員資格是公民權。我們可以把公民
權這個詞用之於學校與家庭，但這種用法是隱喻的、派
生的。嚴格地説，公民是指政治社會中按照法律與習慣
而被接受的正式成員。因此，説一個人是巴黎的公民，
或密執安的公民固然是正確的，但最主要的政治社會是
國家社會，在大多情況下，公民權指的是國家社會的成
員資格。我是美國的公民，他是法國的公民。

　　對每個國家的公民來說，這個國家所宣稱的目標，不論是愚昧的或崇高的，都是至關重要的。因為，憑藉他的公民權，他得以分享這些目標。在政治社會中，公民權說明一個人的身份，也說明他的法律地位。如果公民資格的取得是經過思考並足以自豪的，那也可部分說明他的道德水平，因為公民資格表示該社會的目標就是他的目標。在民主國家，公民權尤為重要，因在一個國家內，他的意見雖是許多意見中的一項，但該國的目標是由於公民的參與而產生的。

　　成為公民，或重申公民資格，是極為嚴肅的行為。"歸化"儀式即通過一套手續突出表明一個新公民的性質已經改變。他必須公開宣稱對他所參加的這個政治社會有着新的和壓倒一切的效忠，並拋棄與這種效忠相抵觸的對其他政治社會的效忠。

　　所有國家的大多數公民都是"土生土長"的，所以沒有正式加入社會的經驗，只有在很少情況下才會有意識地承認自己具有該社會的成員資格。當一個公民這樣做的時候，在學校中或其他地方背誦（如是美國人）"我宣誓效忠於美利堅合眾國的國家及它所代表的共和國……"，他的認識肯定是膚淺的，對取得該社會的公民資格會產生甚麼後果，缺乏充分的理解。說不定對土生土長的也應該舉行一個像新入籍的那樣的儀式，莊嚴地宣誓效忠，並宣佈取得正式成員的資格。既然是正式取得公民資格，這種儀式可以稱之為"公民式"，或者稱之為"進入社會式"會更好一些，因為那是取得社會中正式成員的資格。

這就是那些主張政治社會始於社會契約或合同的人，高度智慧的所在。人類社會是否確是在某一時期通過訂立契約而形成的，那無關緊要。不論歷史形成過程如何，人類社會一形成即具有類似契約的性質，而且這種性質就是實行民主的先決條件。不論有無儀式，不論明示或暗示，每一個民主社會的成員，用約翰·洛克那種雄辯的語言說，"必須參加並團結成社會，成為人類社會契約的一方，以便與其他成員一起謀求舒適、安全、和平的生活，安全地享有自己的產業，出現外來侵犯時，有更大的保障"（《政府論》下篇95）。

這樣的社會不能建立在暴力的基礎上。暴力可以脅迫人們順服，可以恐嚇他們加入社會以尋求保護。但真正人類社會所具有的屬性是不能以暴力作為它團結的原則的。團結必須建立在同意的基礎上，而且這種同意，如果不是暫時的，便是任何民主的政治社會合乎邏輯的起點。正如洛克所說的，"人們表示同意建立一個社會或政府，因此，團結起來並組成國家。"

4-3 非政治社會

雖然政治社會是重要的,但只是人類所屬許多種社會中的一種。主要與政治社會相連的公民資格,也只是社會成員資格獲得正式承認的多種方式之一。在人數較少、持續時間較短、重要性較小的社會中,會員資格亦屬值得注意的問題。幾乎在人類生活的任何領域中,共同事務都可以用民主方式管理,但不論甚麼情況,這種管理的先決條件都要求存在可以進行參與的某種社會。

大學的社團與聯誼組織可以作為平凡但是恰當的例證。不論聯誼組織的體制對較大的民主社會有何影響,在大學聯誼組織內的決策過程通常是極為民主的。社會組織選擇會員時採取歧視政策,對大範圍的民主可能是不利的。這種集團對其成員要求高度的忠誠,就可能對較大社會的民主精神產生不利的影響。聯誼組織這種特點對大範圍的民主會產生干擾作用,這是可以想像的,但對小範圍的民主的發展卻是有利的。任何社會中成員自覺地積極行動,雖不是該社會民主的保證,但卻是先決條件。值得注意的是,在美國大學用語中,聯誼組織的正式會員稱為"積極分子"。要取得這一稱號必須先作為"立誓者",經過較長時間的後補期。在此期間要立誓對該集團效忠,公開宣佈並經過考驗,但這樣還不能獲得正式成員資格。大學聯誼組織的成員普遍熱情而且真誠地參與聯誼活動。在這些社會中，民主廣度與深度的擴展部分是由於爭取會員資格而激勵起來的自覺性，而且這種自覺性在共同學習、遊戲與生活過程中不斷獲得加強。加入社團，新老會員要在一起舉行"入會式"以資慶祝。這種儀式可能較為隨便，沒有歸化式那樣嚴肅，但在這種情況下，它的作用與歸化式相比，並無二致。如果這個社團團結在一起的目的是可嘉的，嚴肅的，入會式也可能是嚴肅的。舉行儀式時可能要求新會員莊嚴地宣誓，要忠於社團的宗旨。這就是積極參與該社團組織的開始。

某些這樣的入會式（雖然非政治社會中很少舉行甚麼儀式）就是實行民主的前提。用民主方式管理的宗教團體可以作為另一例證。在這些團體中實行自治，同樣要求成員的身份盡可能地明確，同其他團體界限分明。正式承認成員資格要舉行批准儀式來慶祝，這種儀式使得某一青年在該團體中具有正式成員的資格。猶太教中的聖子禮（Bar Mitzvah）就具有同樣的作用，使達到規定年齡的孩子首次以某種方式參與該組織的儀式，並公開承認他取得猶太教會的正式成員資格。某些基督教儀式的核心是聖餐式。在禮拜中它佔有中心地位，不僅是由於它象徵着與神建立了親近的關係，而且是由於它具體地顯示與團體中其他信奉者一起共同接受一切對神的信仰與觀點。年青基督徒可以參與的第一次聖餐式，通常是緊接着"堅信式"，即承認為正式教友後舉行的。革出教門的處分之所以痛苦，不僅僅是受到開除所造成的，而是因為被排斥於宗教社會以外，沒有機會與其他成員一起以某種形式參與他認為是不可少的禮拜活動。

任何社會，政治的、聯誼的或宗教的，會員與非會員之間界限分明並不意味着該社會是民主的。組織嚴密的社會可能是極端專制的。但任何確保實行民主的社會，必須以可以實行民主的某種社會為前提。只有在社會的範圍內，參與的權利才能得到承認，普遍參與的體制才能產生效果。

4-4 民主以理性為前提

民主的第二個前提是理性。社會作為第一前提所涉及的是人與人的關係。理性所涉及的則是這種關係的性質。沒有這兩個前提，就不可想像會有民主。社會是民主進程的基本結構，在這個結構內，必須假定所有成員至少具有參與共同事務所要求的基本能力。這些基本能力概括起來就是理性。

理性包含甚麼，很難具體説明。一般來説，我們可以接受古代即已規定的尺度。一個有理性的人，至少應該具備兩種能力：(1) 設想一種計劃、掌握指導判斷或行動的規則的能力；(2) 在具體情況下運用這一規則，或按照行動計劃辦事的能力。由於在民主中，這些規劃打算都是在人與人之間起作用的，我們可以增加一點；(3) 清楚表達思想，與人講理的能力。

從能力的角度來解釋理性似乎已經過時。這個名詞的確是舊的，而且可以替換。但重要的不是名詞，而是事實，即民主社會的成員必須能做某幾種事。他們必須能為共同治理制定原則 (某些文件稱作"規定"，還有一些稱作"法律")。他們必須能將這些原則運用到行動中去，確定哪些符合規定哪些不符合。如果治理社會的是規定和法律，社會成員就必須能夠有效地交流意見，以理解彼此之間的理由與目的，並且至少能把某些集體判斷整理出來。如果理性被理解為做這些事的能力，社會成員需具有理性就成為民主的前提。如果不具備理性，就絕無可能通過參與來實行自治。

但民主並不要求其成員經常不斷或大部分時間使用這些能力。當然，如果要成功地實行民主，必須發展並使用理性的能力。發展的程度則隨情況的不同要求也有所不同。這種發展與實行民主的關係將在談到民主的智力條件時 (見第九章) 詳加論列。但這種發展的前提是：社會成員至少必須具備基本的推理能力。

有人認為民主是空想，是不可能實現的理想，因為它是以有理性的成員作為先決條件的，而這種條件是永

遠也達不到的。這樣的批評有兩種變異的說法，但各自
都依據不同的錯誤的前提。第一種說法誇大了要求，而
第二種說法則低估了事實。前者認為要想實現民主，除
非人類生活全由理性支配，而事實是人類生活並非如
此。後者也認為民主是不可能實現的，理由是，雖然對
理性的要求不算太高，但人類太缺乏理性，也太愚笨，
這樣的要求也難以達到。兩種說法都可以用多種情況下
民主政府的實際成就加以駁斥。民主是一種人為的體
制，它有它的要求，這些要求使它不能總是有所成就
的，但既然是人為的，就可以由人來實行。

　　但第二種說法中有一面包含着重要的真理。如果人
類不能聯合在一起制定法則並服從所制定的法則，如果
人類不能互相講理，互相理解，那就有理由說民主只是
空想，因為它所要求的前提根本就不存在。這種假設的
前提是錯誤的，但就整個來看卻是正確的。民主的確要
以基本理性能力為前提，在任何社會裡沒有後者就沒有
前者。

　　民主要以性善為前提，這是一種普遍而且錯誤的見
解。社會成員普遍都善良有德，當然可以使民主政府的
作為更易見成效，但這對任何形式的政府來說，也莫不
如此。人性善或者惡，難以確定。從理論上說，即使在
自私的壞人所組成的社會中，民主也完全是可行的。的

確，民主的部分價值就在於它能使既能為善又能為惡的人能夠規規矩矩地生活在一起。

我的結論是：民主的前提事實上已普遍地成為現實。只要是人類存在的地方就會出現各種大小的社會，而且在每個文明人的生活中起着極為重要的作用。理性則是人類普遍(或幾乎普遍)具有的能力，在某些傳統哲學中，並一直被視為人所獨有的特徵，以區別人與低級動物。我並不認為民主的前提無論哪裡都已實現，或在任何地方無論何時都已實現。而且，我還認為當民主的前提已實現時，並不能保證民主體制即可順利實行，或者保證它就是最好的選擇。然而，實行民主的前提經常存在，這卻是無可懷疑的。

即使當民主的前提已經出現時，民主也不一定獲得發展，有時可能是先有所發展而後失敗，也可能是持續地只能取得有限的成功，原因何在？要說明這些情況必須越過民主前提的範圍，而對實現民主要取得成功的條件細加探討。進行這種探討(見第三部分)之前，必須通過闡釋民主本身以及與之密切相關並有必要聯繫的某些作為手段的原則，以便深入地、明確地而且更具體地說明民主。

第五章　民主與多數規則

5-1　決議規則

自治經常有其頂點，即必須作出決定。**在民主社會中，作出的決定最理想的是持續地熱烈討論的結果。**每次普遍參與的過程都有幾個階段，採取行動是最後階段。不論是否合乎理想，社會生活總是要求作出某種決定，採取一定具體行動。因此，首要問題是作出具體決定時所應遵循的規則。如果這個社會是民主的或想成為民主的，就會通過這些決議規則，具體地實現成員的意願。

有許多適應民主管理的決議規則，要分清它們的種類，要理解它們的優點和局限性。在說明之前，我必須指出，民主並非理所當然地僅僅依靠某一種決議規則。根據社會的不同性質及其不同的問題，不同的規則，都可以用作民主的寶貴工具。

民主社會無須採用同一規則來作所有的決定。不同類別的問題要求不同的決議規則。制定例行條例、法規、細則時的規則就可能與修改該社會的根本法、憲法時的規則大不相同。民主要有成效，必須明智地選擇它的行動規則。

日常立法的任何決議規則，似乎總是要以確定這些日常規則的另一套規則作為條件，而這些規則是由較重要的一級作出的，而且可能是不同的一套，這就產生了矛盾。較重要一級的規則似乎又要以高於它的更重要一級的規則作為前提，如此等等。實際上，民主通常並不是在一無所有的基礎上建成的，而是在民主中建立的，民主規則已經付諸實行。某些憲法一般都包含成文的或不成文的規則，這些規則肯定會規定修改憲法的步驟。就是在這一基礎上，我們試圖建立並改進民主決議的一套辦法。

5-2　對民主社會中決議規則的評價

民主社會決議規則與民主廣度的關係極為複雜，需要分開來談。有些規則賦予一個人或一小群人指導性的決定權，這明顯是反民主的，可以撇開不談。一切符合民主的規則都允許廣泛參與，使決定合法化，但大多數規則並不如此要求。因此，在大多數情況下，當這一規則起作用時，實際參與廣度可能因決定的不同而大不相同。規則有所變化而參與的廣度保持不變，這也是可能的。

民主規則幾乎都毫無例外地規定需要百分之多少參與者的同意，才能決定要處理的問題。提高這種百分比的要求，並不一定就相應地增加了民主性。要求的百分比過高或過低都可能不利於民主。在一定情況下選擇最佳的決議規則是件難事。

　　評價民主社會任何決議規則時，必須看採用這種規則後的總的結果。這些結果主要有兩類。第一，這一規則的傾向是為各社會成員提供保護，使決定不傷害他或作出對他有利的影響。第二，這一規則的傾向是便於作出決定，而且迅速地實現社會意志。所以，評價民主決議規則時，必須權衡其保護作用與效率。不幸的是，這兩大目的之間存在着頗為緊張的關係。

　　決議規則包括愈廣，即決議機構採取行動時所要求的贊成票的百分比愈高，保護作用也愈大。但規則的範圍愈廣，任何（有某種特定利益的）個人必然會居於少數派之列，受到不利影響的少數派就更易於集中所需的票數來阻止採取行動。

　　範圍廣，可能是絕對的，也可能是相對的。從絕對的意義來說，範圍廣（不論何種程度）是指所要求的贊成票的百分比是以全體成員為基數的，例如，要求某委員會全體成員的多數通過，或要求某參議院全體成員三分之二以上的通過。相對的範圍廣是指所要求的百分比的基數是不固定的，如只要求實際投票人數的幾分之幾，或實際參加人數的幾分之幾。與後者相比，前者要麻煩得多，所以只在特殊情況下採用。它的好處是要求參與要有一定廣度方可採取行動，如以其他方式，這種廣度就很可能難以達到，這樣，就是對民主的促進。範圍不夠廣，或僅相對的廣，所帶來的後果不一定是實際參與的人數要少一些，但允許較少的參與者作出決定。這樣當然方便一些，但有危險。為縮小這種危險性，在某些情況下，法定人數規則是有效的。可以保證成員中參與者，或至少出席者的數目達不到所要求的最低限度時，即無法採取正式行動。

另一方面，如決議規則所定範圍較窄，僅要求較小比例的參與者即可採取行動，效率就愈高。不論這一要求是絕對的或是相對的，情況都將如此，但前者可視為例外，置之不論。按投票人數（偶爾也按出席人數）制定的正常規則中，對要求贊同的人數定得愈低，則愈益取得一致意見。如一種規則要求四分之三的投票者投贊成票，另一種則僅只要求多數，很明顯，在後一情況下，較之前者，將更易採取迅速行動。而且這種行動還會獲得更為堅定的支持。範圍較窄的規則便於對社會的當務之急作出立即的反應。要求四分之三的贊成票，任何法案也無法通過時，按範圍較窄的規則（如只要求多數贊成票）就有可能通過，效率當然也就高一些。但這種效率和效力的代價是要冒險。任何公民在一定時間內，如不知道所要選定的規則將決定甚麼樣的結果，多數即可通過的規則與四分之三始可通過的規則相比，肯定較易於使他們設想自己處於將要失敗的少數。

　　由於保護與效率這兩大目標必然要發生衝突，所以，沒有甚麼規則能把二者都同時增加至最大限度。如果走到一個極端，把指導性的決定權都集中於一人，即獨裁者，可能避免爭論不休與拖延遲誤，但其他人則失去保護，不能反對獨裁者使用或濫用權力。如果走到另一極端，規定只有社會全體一致同意時始可採取行動，這可保護每一個成員，使他們能反對有損他們利益的任何決議，但這樣一來，任何社會幾乎都不可能採取任何行動，對全體成員來說將是不可忍受的負擔。其他一些決議規則則處於這兩個極端之間的某些點。如果能找到居間的某一點，既能實現可能獲致的最好的妥協，又能保證民主性與合理的保護作用，同時，在實際決議過程中，給社會帶來的具體負擔又最輕，那就是合乎理想的。

　　怎樣才算是最恰當的妥協，這就要看該社會各方面的情況，如大小、成員性質的特徵、待議問題的種類等，才可確定。民主要有成效，必須為不同的社會、不同的情況、不同的問題制定不同的規則。沒有一種規則對於一切都是最適合的。

5-3　民主過程與決議規則

　　合適的決議規則乃配合民主過程，使之能順利進行，產生效果，但它並不是該過程的全部。如果我們考

慮到這些規則與民主的各種尺度的關係，而不僅僅是與
廣度的關係，這是不難看出的。使用任何決議規則，充
其量不過是參與過程的最後一段，而這一過程是持續
的，而不是斷斷續續的，它涉及討論、辯論、承諾等許
許多多行動，投票僅是其中之一。由於思想上希望單一
化，事實上又迫切要求作出可供核實的判斷，所以普遍
存在這樣一種傾向，即把民主與其決議規則等同起來。
僅僅因為廣度便於作數量分析，所以只看廣度而置民主
的其他尺度於不顧，這是錯誤的。

當民主過程進行到使用決議規則的階段，實際上問
題已變成："此事已討論完畢，應採取甚麼行動？"於是
提出建議並進行某種形式的投票。達成決議要求有一種明
確的及可以公開核實的辦法來衡量社會意見，所以必須採
取可以計量的辦法——投票、舉手。我們希望這種規則是
公正的、明智的、正確執行的。但不論這種規則如何明
智，如何符合民主，也不能衡量民主過程的所有方面。這
些規則的運用絕不可能反映投票者參與的深度。

同樣，決議規則也不能反映參與的範圍。即使訂得
詳盡無遺的規則，也不能包括它所適用或考慮的各種各
樣問題。因此，評價一個社會的民主時，不僅要問實行
甚麼規則，而且要問在何處實行，是否始終一致。把這
一切的民主性擴展至最大限度，不僅要求最大的參與範

圍，而且要求在這一範圍內按照不同的參與情況，使用不同的規則。**決議規則是民主的工具，其使用的形式僅僅是表示任何民主健全情況的一項標誌，不過是最重要的一項。**

5-4　多數權的濫用

有裁定權的多數並非總是變動的。如果它不是變動的，或變動不夠頻繁（這部分的問題都是程度的問題），多數裁定可能逐漸妨害普遍參與的實現。因此，如果社會中形成固定的多數，對民主來說就存在着真正的危險。固定或永久的多數不受變動的有益的牽制；它在利益範圍內能保持絕對控制；反對它的人沒有力量可用，它就可能濫用權力，甚至進行壓迫。在最壞的情況下，固定多數能徹底破壞許多對立利益集團之間的微妙平衡，而實現民主根本上是由這一平衡決定的。

具有諷刺意味的是：社會上利益的分歧愈明顯、愈需要忍耐與克制時，這種危險也愈大。構成成分比較一致的社會，無須過分害怕某些成員濫用權力。按決議規則行事的個人，更無須保護，該社會能夠而且樂意及時提供此種保護，因為，即使是包括範圍更廣的決議規則，也不一定能阻礙需要採取的行動。另一方面，在構成成分極不相同的社會（或者至少那些存在着明顯可分、牢固不變、態度明朗的亞群社會），每個公民對反對者的力量都心懷恐懼，因此，需要包括範圍廣泛的、能起保護作用的決議規則。但正是在這樣一些社會中，這些保護性規則的作用必然會嚴重不足，甚至阻塞採取任何需要採取的行動的可能。因此，在這些分歧愈大的社會中民主愈加脆弱，變動多數作為一種手段，其效果也就愈小。

這些情況有助於解釋為甚麼在那些種族的或經濟的亞群明顯可分，而且實質上已經定型的地方，發展健全民主會遇到極大困難。這只是那些未發展社會，企圖發展民主政體的重大困難之一。在這種情況下，如果把訴諸裁決的問題限制在那些社會上已取得某種程度一致意見的範圍內，民主可能使其成員更安全一些，可行性也就更大一些。但這種一致的程度在社會與社會之間大不相同。例如，在一個小的構成成分比較一致的國家，如荷蘭，能以集體行動有效完成；在一個大的構成成分比較複雜的國家，如印度，最好就由私人處理，如果實行民主的目的不是為了造成整個社會分裂的話。不幸的是，一些人口密集、工業不發達的國家（假使其性質是民主的）可能把一切不利於民主解決的事務主要置於國家控制之下。這樣就會造成極為緊張的局勢，使得民主難以在這類社會中實行。

即使確是變動多數，但某一多數也可能在某一程序問題上，不明智地肆意限制社會中一大部分人參與其他實質性問題的決定。這樣，按民主方式作出的決定可能使該民主程序難以持續。對民主主義者來說，這種情況是令人痛心的，但是可能發生的。談到有成效的民主與保護性的條件時，我將詳細予以論述。此處要指出的是，使用多數的權力限制公眾參與的廣度、深度或範圍時，即使出自好心，也可能成為一個民主社會葬送民主的手段。

　　要絕對保證不發生此種濫用權力事情是不可能的。變動多數裁定規則以及對民主各項要求有廣泛的認識，可以促使用權者有所克制，但不能保證絕不濫用。詹姆斯‧瑟柏說得好：“就此而言，多數或其他無論甚麼都不安全。”

第六章　民主與代表制

6-1　代表制作為民主的手段

　　直接民主與間接民主的區別是既普遍而又合理的。我們可以自己參與管理過程，也可以參與選擇別人代替我們管理。當民主社會成員選擇他們中間的某些人代表全體時，並沒有放棄對社會方針政策的最後控制權。他們確曾賦予被選者在一定時期內代表選民以某種方式行事的權力。於是這些代表執行着我前面所說的政府管理方面的職能。就集體而言，可以適當地稱之為代表院、代表會議，或簡單一點，稱之為議會。

　　代表制的原則可簡要地歸納為：**一小部分人管理政府，這部分人對選舉他們的選民負責，他們的權力都來自選民。**所有被選出的官員，不論在政府哪一部門任職，他們在管理政府的全部事務時，最終都是依據這一原則。因此，任何大型社會的公民，理解他們與他們的代表之間的固有的關係是至關重要的。

　　如果相信人數眾多的公民，不能管理自己，就會認為代表制可以讓見多識廣、明智審慎的人負責管理事務。這不僅是必要的，而且肯定是有好處的。美國憲法的制定者就是相信他們起草的憲法具有這一大優點，麥迪遜寫道：“（政府代表）的作用是⋯⋯選定的一群公民，這些人的智慧足以洞見他們國家的真正利益，而他們的愛國主義與熱心正義，絕不會因暫時或片面的考慮而犧牲國家利益，通過這些人作為介體以精煉並擴展公眾的意見。在這種制度下，人民代表所發出的人民呼聲，很可能要比人民自己開會時所發表的意見更符合公共利益"（《聯邦黨人文集》第十篇，1787 年）。

不論把代表制視為肯定無疑的好事或不可少的邪惡，它（如多數裁定規則）只是民主的一種手段，並不等於民主。多數裁定規則是使社會成員參與時能起決定作用的一種方式，代表制則是引導此種參與的一種方式，使個別成員的意見能獲得公正的考慮，同時增加了在困難問題上作出明智決定的可能性。這兩種手段都是很有價值的，但在某些情況下，兩者之一或兩者都可能被棄置不用。在某些小型的民主社會中，可能不需要也不願採用代表制，在較大的社會中，代表制卻是必不可少的。民主是通過普遍參與進行管理；代表制則有助於實現這一參與。把民主與代表制等同起來，就是混淆了民主的實質與實現民主的手段。

任何手段的正常作用既決定於它本身的質量，也要看使用時是否明智。因此，**一個大型的民主社會，首先需要一個公正的、其目的在於充分而且準確地反映人民意志的代表制度。**窳劣的代表機構，甚至會阻礙、挫傷既有智力又關心國事的公民。但如公民自甘墮落、毫不關心或蒙昧無知，最好的代表制度也不能發揮作用，因為代表制度本身並不能提供賢明治者。歸根到底，代表不僅要代表而且要領導他們的選民。

民主主義者應該認識各種代表制度的必然結果及其局限性。在代表制度中，一個公民的呼聲，可能因他的代表也同時代表的其他公民和社會中其他選民代表的呼聲而削弱，有時還會被淹沒。但各個公民不能因其影響的減小而責備代表制度，這種減小是社會人數擴增的直接結果。在五百人的社會中，一個人在決策上所起的作用，就要比在五十人的社會中的作用要小一些。不論有無代表制度，情況都會是這樣。如社會是由五萬或五千萬人組成時，個人相對的重要性也按比例而減小。超過一定規模，民主社會為了聽取個人意見，就不得不按實際考慮來使用代表制度。我們不能因社會規模所造成的結果而責備代表制度。

代表制必然在下列兩方面發揮作用，其作用如何，也需要加以評價。第一方面是代表的選擇，即選舉。第二方面包括一切其他場合，選舉以後，聽取人民意見等。如果選擇的制度既不明智，又不公道，民主就可能完結；但選舉以後，這種制度也必須能使獲選的代表助長選民的響應。

　　許多涉及代表制的問題都是高度技術性的，理應屬
於政治學的範圍。但我們仍可在小範圍內構想一種哲學
框架，在此框架內去理解並評判具體制度，同時，指出
幾種基本可供選擇方案的優點與缺點。當然，我們必須
抓住各種選舉制度中產生的某些基本問題。

6-2　代表制的程度

　　代表制的程度即代表制接近直接民主的程度。代表
制程度的上限為人人均是代表的制度。各個代表所代表
的人數愈少，即代表數與總人數的比例愈高時，代表制
的程度就愈高。各代表所代表的選民數降低，代表的程
度就升高。因此，代表制的程度能夠用百分數表示：社
會總人數中可代表整體的百分數。在人數眾多的社會
中，這一百分數比例將會是很小的。所以，一般而言，
一個社會中代表制的程度會隨着代表數目的增加而增加
（假定總人數為常數），也會隨着總人數的增加而減小
（假定代表人數為常數）。

　　如果一個社會力圖實現可能實行的高程度的代表
制，那是合乎理想的。我們之所以放棄直接民主，主要
是因為社會規模太大，難以付諸實行。代表制就是要在
不可能實現普遍直接參與的情況下，仍能實現普遍參
與。代表制的程度愈低（即每個代表所代表的選民愈
多），公民個人與最後決策過程的距離也愈遠。如十人

中選一名代表與一千人中選一名代表相比，前者的選民就能更有效地參與制定法律與政策。在後者的情況下，雖仍繼續參與，但其效率隨選民人數的增加而減低。

同時，管理機構中的代表數目又不能太多，以致有損設立代表制的目的。不論代表機構中採用何種決議規則，它解決問題的效率會隨着機構中人數的增加而降低。決不能容許無限制地將其擴大。實際上，代表制的最高度即代表制與代表機構有效地行使職責協調一致的最高度。

何種比率能最好地實現這一理想，需視代表所應處理的問題以及整個社會的大小，才能確定。有些問題可以在幾百人的大會中辯論；有一些則只能在人數很少、深思熟慮的會議中才可得到明智的解決。立法機關通常人數很多，大型機構的執行委員會則必然人數很少。

整個社會的大小對比率也有着根本性的影響，因為代表會議要有效地行使職責。其本身的規模實質上是有絕對極限的。美國的眾議院有四百三十五名議員，這確實已接近極限。因此，民主國家日益擴大時，代表制的程度就會愈來愈低。這是無法避免的。社會規模愈大，能充任代表的百分率就愈小。一般來説，規模愈大，愈不利於民主。

6-3　代表制的基礎

假定已知代表制的程度，而且選擇代表的規則與代表機構內的決議規則均已確定，剩下來還有一個關鍵問題：各代表所代表的是何種選民？這些選區是按甚麼原則形成的？這些原則確定代表制的基礎。選擇這些原則是發展良好選舉制度中最困難、最重要的工作。

可能的基礎有許多，所有基礎可排列成大致上連續的一條線。在這一端，各代表的選區的構成成分完全是同一的，選民的重大利益均相似；在另一端，則選區的構成成分可能完全不同，選民的利益分歧龐雜。這兩個極端，從某些方面來說，各有其優越性，而從另些方面來說，各有其缺陷。居間的各點則提供折衷辦法，以這一類的好處去換取另一類的好處。沒有一種解決辦法是十全十美、合乎理想的。民主社會必須設計出最適合它自己情況的辦法。

再作點解釋可能更清楚一些。假定代表機構中的代表是由某種行業或職業中一定數目的人所選出。這樣，選區的構成成分就會非常一致，代表也可起作用，因為選區是以選民的生產任務或作用而劃分的。代表所要維護的利益將會是律師、管道工人、教師等等的利益。大致類似這樣的制度早就為行會社會主義者及另一些人所主張。假定（在另一端）社會所有成員都在漫無目標的基礎上編上號，代表機構的代表則由號碼湊巧在隨意指定的某一範圍內的人選出。這樣，選民的結構就非常不一致，代表不易發揮作用，因為公民的特殊利益及其生產任務與他所在的選區都毫無關係。在此情況下，代表要維護的只是在他這個隨意安排的選區內，使他獲選並必然會支持他重新當選的那一聯盟的利益。他可能難以弄清這些利益究竟是甚麼，但他會通過他競選政綱中那些明顯有效的部分去體會。這種結構成分龐雜的選區，實際上很接近美國地廣人多的那幾州選參議員的選區，但從未完全實現過。

完全實現任何一種極端，都是不可行的。但接近這兩個極端的制度，各有何利弊呢？專業性代表制，其最大好處是為代表提供了明確的責任界限。一方面，他確切知道他是由誰選出的，他必須代表誰的利益；另一方面，他的選區因構成成分一致，能輕易無誤地判斷他是否作好代表他們共同利益的工作。在這種制度中選定代表的規則，重要性不大（只要它能提供低度的保護性），因無論甚麼規則，如不能代表共同利益的，很快就可發現，而且一有機會就會落選，受到懲罰。選區內的少數缺乏代表不構成嚴重危險，因為選出的代表必然會照顧他選民專業共同關心的主要利益。一般來說，要公正地實行這種制度的話，僅需保證各職業團體真正享有選擇代表的自由，並保證社會各主要專業團體能在代表機構中佔有一定比例的代表席位。這就是它的優點。但按這種辦法組成的代表機構內，基於決議規則的保護作用，其重要性將大大增加。當幾種按照制度分開的對立的利益集團互相競爭時，失敗的利益集團（或失敗的利益集團聯盟）可能失去一切，因為它們的利益如果有所維護的話，也只能由多數聯盟的利益集團附帶地維護。而且，由於利益集團壁壘分明，各代表的活動必然會全神貫注地集中於自己專業性選民的利益，而對整個社會事務可能會有些眼光短淺，結果是各人自掃門前雪，社會更大的利益可能會受到嚴重威脅。

另一方面，非專業性的代表制所帶來的結果極為可能是使代表只注重社會整體的需要。由於選區構成成分龐雜，各代表必然會把他選區中多數的利益與全社會多數的利益一致起來，認為維護後者就是維護前者，並且認為只有這樣才能增加他重新當選的機會。因此，偏狹情緒會大大減少。同時，成分龐雜的選區可大大減少這種可能性：即值得關注的少數派在執政的多數派中毫無代表權；因為任何有效的聯盟必然要包括每一種主要利益的維護者。少數受多數壓制的危險也從而減少。這就是它的優點。但是，在這種制度內，代表與選民之間的責任界限是很不清楚的。代表很難知道成分龐雜的選區

中，誰投他的票，為甚麼投他的票；因此，也難以知道
如何為支持他的選民具體服務。在紛亂中，可能、甚至
必然會有某些群體得不到足夠的關心與維護。結構成分
龐雜的選區中，選擇代表的規則（與另一極端相比）就
變得極為重要。正因為結構成分龐雜就要求更強調保護
湊巧都在某一選區內的少數，因此，必須在規則中反映
出來，或者就根本不反映。但任何規則的有效性與明智
性，甚至有高度保護性的（因此效率也低），也是難以
判斷的，正如判斷一個代表是否做好代表選民的工作，
基本上是不可能的。

　　一個人數眾多的民主社會，必須要在這兩個極端之
間想出某種折衷的辦法，最大限度地發揮這兩種極端的
好處，而把它們的壞處限制到最低限度。詹姆斯‧麥迪
遜和他的同事認為美國憲法提供了這種折衷辦法。假定
（合乎情理地）選區人數增加，結構成分愈加龐雜，麥
迪遜寫道：“必須承認，此種情況，正如其他大多情況
一樣，存在不便的兩端之間可以找到一種折衷辦法。過
分擴大選區，會使代表對本地情況與利益知道得太少；
如過分縮小選區，會使代表過分依附選民，而不適於理
解、追求國家的大目標。在這一方面，聯邦憲法作出了
恰當的結合……”（《聯邦黨人文集》第十篇，1787 年
版）。從麥迪遜時代以來，美國憲法有了很大的改變，

尋找適當的折衷辦法的努力仍在繼續中。對這一問題是沒有最後解決辦法的，因為大型社會的需要與情況處於不斷變化之中。

6-4　當選以後的代表

通過代表制實行民主時，民主的深度部分決定於選舉代表時公民參與的質量，部分決定於代表當選以後公民對他們所能施加的影響。這種影響的最大後盾就是下次選舉的支持或反對。但不論約束力為何，代表制不失為民主較好的手段，為公眾持續不斷的參與提供更多更好的渠道。

列寧曾經說過，在西方民主國家中，人民只有權利在選舉時決定誰在議會中濫竽充數地代表他們。如果他說得對，這樣的民主的確是虛偽的。如果代表制阻礙人民意願的實現，它就斷送了民主，而不是為民主服務。有些所謂民主國家，從這方面來說是虛偽的；僅僅有個議院並不足以證明已經實現民主。我們必須知道代表是否真正可靠地代表他們的選民。代表制只是一種工具，可以使用得當，也可能使用不當。

罷免、創制、複決，這些制度的建立就是為了保證當選後的代表更好地更忠實地盡責。罷免即由選民通過投票解除某一官員的職務，如果一定數目的選民要求舉行此種投票的話。下次正式選舉來臨之前，存在着解職的危險，這可以對代表保持壓力，使他們忠實地關心選民的強烈意願，從而可使選民持續地實現有效的間接參與。創制、複決與罷免的趨向相同，但作法不同。前者不中斷代表的任期，而是將某些問題的決定權從代表手中取走，交由人民直接控制。創制規定得到一定支持的法案或修正案，必須交由公民投票。複決則允許將已由立法機構決定的措施再提交選民投票通過。這些辦法，目的在於賦予選民處分或越過代表的權力，無須等待下次的大選，這就可使代表機構有所顧忌。且不說這些權力的使用，單是這些權力的存在，就足以制止那些可能瀆職的代表，也有助於使他們關心選民的迫切需要。

這種制度可能增加民主的深度，但不一定總會增進民主；它們對民主的最後效果可能是不利的。正因為社會人口太多，要處理的問題太複雜，所以需要代表制；考慮到這一點，就可能不會採用這種破壞性手段，在某些問題上使代表機構中斷執行職責而恢復直接民主。在社會生活中的關鍵時刻，複決也可能有害。這些措施的原來目的是誠心誠意地要增加有效的參與，但通過干擾立法或行政機構執行正常工作，可能產生完全相反的效果。從總體上以及從長遠來看，這些規定確使人民真正有效地參與，但使用這些規定時，也可能為眼前利益而犧牲長遠利益。

　　既需要繼續不斷地實現成員的意願，又需要保持政策與領導人的合理的穩定，這兩者之間不可避免地要產生矛盾。保證被選代表的權威與任期，這種穩定性一般來說是有其必要的。但在某些情況下，在某些社會中，從代表制返回直接民主以保證人民的主權，這也可能是恰當的。在一定社會中何種規定能最好地解決這一矛盾，只有根據該社會的具體情況才能確定。

第三部分

民主的 條件

第七章　民主的物質條件

7-1　物質條件的種類

實行民主管理要取得一定成效，首先要求某些遠非普遍存在的物質條件。這些條件之中，某些需要是明顯的，另一些是否需要還大有爭論。為識別民主的物質條件，茲將其分為三類。頭兩類在理論上不存在嚴重的問題，雖然實際達到這些條件卻會遇到重大阻礙。在第三類條件上意見嚴重分歧，我將依次加以評述。

這三類是：**(1)民主的地理條件；(2)民主的設施條件；(3)民主的經濟條件。**頭兩類各佔一小節，本章的其餘部分均用來討論第三類。

7-2　民主的地理條件

民主——尤其是政治領域中——要求能使社會成員普遍參與的地理條件。一方面自然環境——氣候、地形等，一定不要令參與帶來太大的障礙；另一方面，人力可以控制的地理環境——運輸系統、交通等，必須加以發展，或利用有利的自然環境，或克服自然障礙，以利參與。

地理特徵，如大的山脈、河流在歷史上形成社會的天然界限。當技術尚不發達時，倘有超越此種界限的社

會，也很少能保持民主。本世紀以來，隨着高速的運輸
體系與電子化通訊的發展，各種各樣的地理區域都可能
聯為一氣。但從全球大多數人口看，地理因素仍然是遼
闊地區發展參與的嚴重障礙。道路與港口的缺乏、山脈
與沙漠的障礙、運輸情況的落後，仍然妨礙民主的發
展，如果地理因素阻礙民主其他主要條件的發展，即使
本身已經團結起來的小型社會也不易發展民主。

我們現在力量很大。隨着想像中的最新技術的運
用，妨害普遍參與的單純地理障礙已有望加以克服。但
就目前及最近的將來而言，世界上某些地區相對惡劣的
條件仍是發展民主的嚴重問題。地理條件必然仍將限制
政治上過高的期望。

7-3 民主的設施條件

民主要求通過具體設施以便進行有效的參與。所謂
設施，不是指代表制等，而是指物質意義上的設施——
票箱、公文櫃、議會會址與辦公室等。在小的民主國家
中，這種設施上的需要，可能是微不足道的，而在大國
中就可能需要巨額開支。民主社會必須具有能力並願意
支付這種開銷。

一旦提供了這些設施，還需要經常維修與管理。會
議場所要保持完好，辦事人員必須保持紀錄的完整；要
組織、舉行、檢查選舉。無數的瑣事需要照料，一切都

需要花費時間、精力與金錢。如果沒有以適當的精神使用這些設施的意願，會所、票箱本身是不會為民主帶來成功的，但是如只有精神，也不足以保持民主。只有設施而無精神，不能取得效果，只有精神而無設施，不能取得效率。

設施條件不足，是民主國家出了嚴重毛病的徵象，結果會很快顯示出來。不知是努力不夠，還是缺錢，民主的設施條件往往不夠完備，而這種不足必然會降低參與的寬度與廣度。而且，這種不足必然導致現有設施的濫用；這樣，現有設施就只能為民主裝點門面，而無助於民主的實際。

7-4 民主的經濟條件

經濟學是一門研究各種形式財富的生產、分配與消費的學問。經濟一詞，來源於希臘語的家務管理；任何社會的經濟制度就是該社會操持家政的制度。很明顯，國家這個大家庭的組織，將在很大程度上確定怎樣充分滿足其成員物質上的需要。滿足這些物質需要，以及保證此種滿足的經濟制度，只要是實行民主所必需的，我都稱之為民主的經濟條件。

許多哲學家——有些是馬克思主義者，有些是資本主義者，有些兩者都不是——都認為如果沒有一套經濟上的安排，民主是不可能成功的，雖然他們在這套安排的性質上意見大有分歧。對這些主張的正確性作出評價是極為必要的，理由有三：第一，提高我們對民主的一般認識；第二，揭穿那些尚不具備民主必要條件的社會的騙人說法；第三，（假如希望實施民主而經濟條件尚未實現）指導經濟改革。

我準備把關於這些條件的三種普遍主張分別加以評述。這三種主張是 (1) 同樣水平的經濟福利是民主的條件；(2) "經濟民主" 是任何真正民主的條件；(3) 經濟平等是民主的條件。對這些主張，我認為第一種是對的，第二種是錯的，第三種不能直截了當地說是對還是錯。

7-5 經濟福利作為民主的條件

社會成員如不享有最低限度水平的物質福利，任何社會也不能指望長久維持自治。這種主張，即上述第一種主張，現獲得普遍的贊同，但它對當代民主國家的重要性尚未被獲得足夠的認識。

既然是一種要求參與的制度，民主主要倚靠的是公民有能力在公共事務上起積極的作用。這種能力在很大程度上是體力方面的；健全的民主要求健全的公民，社會成員如長期營養不良或經常生病，要求他們既有廣度又有深度地參與公共事務是難以做到的。如果群眾中大多無衣無食，或者疾病纏身，指望這樣的群眾實行真正的民主，那是幼稚的。使公民體力情況惡化，並迫使他們主要或完全關心自己或家庭生存問題的經濟環境，是不可能產生有生氣的民主的。

民主所要求的最低標準是無法確切指明的，它們隨着時間、地點、社會性質的不同而有所不同。但基本要求是確定的：**民主要求公民享有合理水平的經濟福利。**

經濟福利條件有相對的好和差。這種相對性來自兩種不同的標準。第一，以個人情況為標準；按各個公民的觀點來看，經濟福利的條件可能較充分地或較不充分地得到滿足。第二，以社會情況為標準；把較充分或較不充分滿足這一條件的公民看作一個單位，整體中達到所要求標準的比例可能大不相同。如果社會中一部分人貧困化，民主還是可行的，即使是不完美的；如果這部分人增加，這個社會中的民主是較不可能成功的。如果只有少數享受繁榮而廣大群眾處於生活水平下降和貧困之中，民主是不可能實現的，以民主為名，不過是盜名欺世。但即使是普遍享有繁榮的社會，由於非經濟的原因，民主也可能是不完備的或根本未實現的。

貧困對民主的不同方面有不同的影響。物質上的不滿可能使更多的人參加投票（如果准許他們這樣做），從而提高了廣度，深度則仍將受損。受到無保障的驅策不惜任何代價來改善自己情況的人，不太可能具有深度民主所要求的時間與耐心。嚴重貧困的群眾，根本無法獲知參加公共事務的足夠信息，從而無法對公共事務進行有效的討論、有效率的組織，並接觸他們的代表。一般來說，極端貧困使參與者愚昧無知，即使是廣泛的參與，也不過是表面文章，民主必然失敗。只有豐衣足食的人才有時間和精力去作一個熱心公益的公民。

　　對已經獲得的一切，人們往往不夠重視。長期以來充分享有繁榮的歐洲及北美人中，許多人對待物質福利就是這種態度。他們也曾被迫去改善地球上較貧窮地區的物質條件，如果不是出於無私的目的，就是為了自私，因為其他地區的繁榮也要影響本國的繁榮。然而，富裕的人往往不能理解自己的民主要依靠物質福利。尤其是美國人，他們總是認為只要勤奮並採用不限制任何人的政治制度，就可獲得經濟福利，忽視了採用這種政治制度要有成效必須是具有某種繁榮的社會，而這種繁榮是世界上許多地方尚未享有的。當不發達地區的民主受挫或失敗時，我們便會感到惶惑與沮喪。我現將一位同事（凱內斯・博爾丁）在《經濟政策原理》（1958 年）中所寫的一節詩意譯如下：

> 貧窮的國家負擔不起
> 公正與自由的民主，
> 許許多多的好處，
> 只有富國能實現。

7-6 "經濟民主"是任何真正民主的條件嗎？

馬克思主義者是唯物主義者，對於民主的經濟條件一向是高度重視的。一切政治與社會體制都決定於經濟基礎，或下層建築，這就是他們最一般的原則。從這一原則出發，他們推論出民主也同樣要有經濟基礎。但這一方面的洞察卻為另一方面的壅蔽所抵消。探討政治時忽視經濟因素，這是西方常見的錯誤，而如馬克思主義者所主張的，經濟因素是唯一值得重視的因素，卻是走向另一極端的同樣嚴重的錯誤。結果是忽視了大量非物質性的，而且是民主所必不可少的其他因素。馬克思主義者的結論是"經濟民主"是任何真正民主的條件，我認為這是錯誤的。

甚麼是"經濟民主"？對馬克思主義者來說，它不是一種政治制度，而是經濟事務的一種特殊狀態。他們認為只有生產資料與分配由全社會掌握時才會出現"經濟民主"。他們所尋求的是經濟"下層基礎"的公有制，並認為只有經濟制度經過這種革命化的改革以後，才能在政治領域中獲得"真正的"平等與"真正的"自由。相信經濟變革壓倒一切的導因效力，這是他們固執不變地加以捍衛的觀點。事實上，任何一套制度，不論是經濟的或任何其他種類的，都不會導致一個自由平等的社會。

除開這種不着邊際的過分簡單化以外，一切維護

"經濟民主"的論點都不必要地形成了紛亂與錯覺。關於民主性質的各種各樣的理論,從古希臘以來就存在着基本上一致的意見,認為民主是一種政治制度。前面我也提出這一制度的本質在於參與社會決策時的方式。馬克思主義者在他們的論點中把"民主"一詞的涵義加上對他們有利的感情色彩,並以此來達到特定的經濟目的。我們可以承認生產資料與分配的公有制,是某些其他社會道德不可缺或必須具備的條件,或本身即具有價值。但提出這種論點的人,即使他們是正確的,也沒有理由把公有制稱為"民主"。公有制可能會,也可能不會產生或允許民主方式的決策。不論是否可能,它不是民主。稱之為民主是把靈活的詞義引申至不合理的程度。漢普蒂·鄧普蒂說:"當我讓一個詞作那麼多的工作時,我得額外付錢!"(見劉易斯·卡羅爾的《通過鏡子》)

對這種批評,馬克思主義者必然會這樣回答:"我堅持把生產資料公有制稱為'經濟民主'是正確的。只有通過生產資料的公有,廣大群眾才能參與影響他們全體的經濟決策。所以,你看,我已接受了你關於民主就是參與決策的分析,而我所追求的正是要在帶根本性的經濟領域內參與決策。總之,我認為:公眾要參與社會事務就得參與經濟決策:公眾要參與經濟決策就得實行

一切生產資料的公有制；因此，生產資料的公有制就是
經濟民主，真正的民主要求經濟民主——經濟民主是民
主的必不可少的條件。"

馬克思主義者的這一回答，又一次混淆了民主與民
主要取得成效所必須具有的條件。一方面沒有把決策的
民主過程與他們認為會促進這一過程的制度區別開來，
另一方面，他們又在語義上把水攪混。現在要爭論的問
題正是這一論點，公有制是公眾參與的條件。公有制促
進公眾參與，這要由事實來確定；但公有制是公眾參與
決策的必要條件，是更值得重視的論點，而這一論點是
錯誤的。

民主，尤其是在大型社會中，並不要求每個公民都
直接參加公共事務的所有或甚至大多數的決策。假如尚
待解決的問題性質複雜或需要技術，社會成員可選舉比
他們更適宜的人代作決定。這是大型民主社會中代議制
權限的一部分，本書前邊也已談到主權與民主的有效範
圍的區別。因此，即使公有制已成為事實，公眾參與經
濟事務的決策也必然是間接的。這樣，關鍵問題是在非
公有的經濟制度下，公眾是否能間接參與經濟事務（即
不論是否屬於民主主權範圍內的經濟政策）。

對這一問題的回答，明顯是肯定的。某一社會對一
定領域內事務的管理無須採取某種特定形式。生產與分

配可以由選出的代表經營，或由代表任命的人員負責，但這還不是可供社會選擇的唯一途徑。這樣的制度也不一定保證公眾最有效地參與經濟政策的制定。如果廣泛地認為由私人資本經營比完全公有制更能滿足消費者的需要，有更高的效率和生產力，社會成員選擇，而且是自由地選擇，一種完全或部分依靠私人經濟活動與市場調節的經濟制度，肯定是合理的。他們選擇任何經濟組織體系，包括公營、私營、合作經營等各種形式的結合，只要是他們在合乎理性的基礎上，認為能按他們的要求最好地為他們服務的，都是合理的。

總之，"經濟民主"不是任何真正民主的必要條件。在經濟領域內的民主，不要求任何限定為公有制或私有制的某種特定的經濟體制。經濟民主不是指某種特殊的經濟體制，而是指社會選擇它所需體制時的能力。

只要看看社會事務的某些經濟領域中存在的多種多樣的參與，就能理解民主在社會活動的任何領域中，並不要求任何單一形式的所有制或參與。想想吧！藝術上的民主，並不需要選出代表對一切藝術製作或藝術上的支持作出決定。它並不要求人民自由參與（直接地或間接地）決定准許或鼓勵何種藝術事業。傳統上，我們喜歡讓私人從事藝術活動，而且這一選擇是有足夠理由的。同樣，教育上的民主，也不要求一切教育上的問題都由代表中的多數來決定。它卻要求社會所提供的教育制度由社會成員自由選擇。歷史上，我們就曾選擇發展一種由私人、教會、公眾以各種方式混雜而成的正規教育體制。經濟事務上也是如此。在美國，由於種種原因我們選擇了主要依靠私營企業，而由政府調節。對我國人民中的大部分人來說，這種制度產生了滿意的物質效果。二十世紀，我們越來越多地對公有制形式進行實驗，某些實驗相當成功。我們很有可能沿此方向繼續走下去，但民主並不要求非此不可。不論我們將來走甚麼道路，我們希望不要依據任何左的或右的教條來確定，而是把經濟體制方面幾種可能的形式進行實驗，對可能產生的結果加以深思熟慮以後才來確定。

經濟民主是任何真正民主的條件這種說法，還可以作更進一步的解釋，這一觀點是：生產資料與分配的公有化，是真正民主進程的充分的條件；也就是說，實行了這種公有制，其他領域內的民主就必然會接踵而來。這種主張源於基本上只有馬克思主義者接受的兩個前提：（1）政治制度，在意識形態上僅僅是經濟"下層基礎"的反映；（2）政治領域內的民主僅與經濟領域內的公有制相關聯。第二條已被拋棄。第一條強烈地體現了經濟決定論，也曾屢遭批判，無須在此再加評述。根據下列兩點理由，經濟決定論或條件充分論顯然是錯誤的。第一，民主需要其他必要條件的論證，顯示經濟條件不能單獨構成其充分條件。第二，有些國家已實行所有制與經營的公有化，但其決策過程距離民主仍很遙遠，這一事實是公有制不能保證民主的具體證明。

這一觀點的第三種解釋——經濟民主既是民主的必要條件，也是民主的充分的條件——就無須再加評論了。雖然正統馬克思主義者有時還堅持這種提法，由於它既非必要，又不充分，所以是雙重錯誤的。

7-7　民主與經濟制度

"經濟民主"這個詞，充其量只能說是表意不清。但如用來指一種具體的經濟體制，如公有制等，不論有意或無意，都是不實之詞。如僅僅用來指經濟領域內民主過程的作用，也易引起誤解。在後一種情況下，問題來自把"經濟"一詞置於形容詞的位置。使用經濟民主這個詞，當然意味着至少還有另外一種，或好幾種民主。這樣，我們就可以說"教育民主"、"宗教民主"等等。只要我們還是主人，而不是文字在作主人，這就是大錯特錯。但如不用這樣的形容詞修飾民主，政治性的討論就會更清楚一些。如果我們說教育制度上的民主、學校內或課堂上的民主，或者我們說民主的宗教團體等等，會更準確一些。所有這些都不是民主的條件，而是民主的運用。

　　由於“經濟民主”這個詞，似乎指的是某一民主，這種用法就縱容了上述不幸的理論錯誤。如果“經濟民主”是一回事，那就容易設想“政治民主”是另一回事；這樣一來，也就會產生一種願望要加以比較或對照。而“政治民主”（如果這個詞有任何意思的話）指的是一個國家中，亦即整個社會中的民主。因此，經濟領域內的民主應該只是“政治民主”的一部分，雖然是很重要的一部分。但如把“經濟民主”與“政治民主”並列作為民主的類別（按形容詞修飾語分類），把前者與某種經濟制度（生產資料公有制等）等同起來，而把後者與某種政治制度（選舉、政黨等）等同起來，那麼，二者的意思都弄錯了。這不僅會引起令人反感的二者的比較，而且會招來對這兩套制度之中的民主真義的廣泛誤解。

　　談論“經濟民主”及“經濟民主”優於“政治民主”的人，其主要興趣大多不在民主，而是在普遍的經濟福利，及他們認為可促進經濟福利的公有制。對他們來說，如何達到這些經濟目標是次要的。作為一種策略，他們加上民主的名稱更有可能達到他們的經濟目標，因為民主已有廣泛的吸引力。然而，把某種經濟制度與民主混為一談，帶來三重損失：第一，真心尋求普遍改善經濟福利的馬克思主義者與非馬克思主義者之間本來存在的一致性，由於爭執誰是誰不是“經濟民主”的支持者而被沖淡。第二，由於堅持不休地爭論誰家的經濟模式是真正民主的，以致嚴重阻礙那些能實際促進共有目標的經濟所有制與管理體制的確定。第三，實際目標與理想的程序，到處都不愉快地混淆在一起。如果某一經濟形態（如公有制）對他們來說是民主的，結論便會是全然不同的經濟形態（如"資本主義"或"自由企業"）對我們來說便一定是民主的。所有注意力都集中在被維護的或被攻擊的個別經濟安排上，批評者喪失了民主精神，支持者使到對參與的深度和廣度上的保護失敗。

"經濟民主"既不是一種民主，也不是民主本身的條件。如果正確使用這個詞，"經濟民主"是指經濟領域內的民主。當社會成員有權力選擇他們所要追求的經濟目標，及達到這些目標的經濟手段時，就算有了經濟民主。如在經濟領域內完全或部分缺乏民主時，民主的範圍就受到了限制。如在經濟領域內民主受到排斥，在其他領域內民主會更易於受到限制或排斥，因為民主進程的習慣是不管人為的論題界限的。但如說"經濟民主"是"真正民主"的必要或充分的條件，這種說法本身是混亂的，也能引起混亂的錯誤。

雖然在民主的物質條件上一直存在爭論，奇怪的是，辯論雙方（可稱之為"馬克思主義者"和"反馬克思主義者"）的正確之處卻一直是互相補充的。馬克思

主義者的論點依據的理論是：一切政治制度，包括民
主，都純粹以經濟為基礎。反馬克思主義者認為民主不
只是經濟結構的反映，它的實現要求許多非物質性的複
雜條件。反馬克思主義者在這一點上是正確的：他們合
理地指責那些壓制政治自由，限制反對意見，舉行假選
舉，因為生產資料與分配的公有化而把自己稱為民主的
政府。反馬克思主義者堅持認為：如果只有提名與選
舉，而候選人名單上並無真正的選擇，而且只聽到一個
黨的聲音，民主的形式可能是存在的，但沒有內容。總
之，反馬克思主義者的有力論據之一，是強調民主的非
物質性條件。馬克思主義者卻錯誤地忽視了這些條件。
他們認為社會主義國家管理上必然是民主的，或非社會
主義國家管理上必然是不民主的，這種論點是錯誤的，
源於對民主及其條件錯誤地，或最好說不完全地理解。

　　另一方面，對經濟事務的強烈關心，使馬克思主
義者正確地看到民主不可或缺的經濟條件，在全球受西
方影響的大部分地區還沒有得到滿足。馬克思主義者可
能對民主所需條件有所誤解，但他們的哲學立場，使他
們易於覺察反馬克思主義者往往認識不到的物質條件的
缺乏。所以，馬克思主義者堅持許多擁有幾個政黨、有
言論自由以及他們稱之為以民主"裝飾"的政府都是騙
局，都是只有民主的形式，而不具備民主的內容。這一

批評常常是正確的。政治對手的公開競爭，表面看來是自由的選舉，這些通常是民主的標誌，但如參與者的物質要求得不到滿足，單單這些是不足以保證民主的。所以，馬克思主義者的優點是能看到物質條件的必要性（雖然是以一種特殊的理論上的偏見來認識的），而反馬克思主義者卻常常由於享有繁榮，錯誤地忽視了這些條件的必要性。

雙方皆指責對方為騙局。他們互相指責説："你們的制度只有民主的形式，而無民主的內容。"其實，雙方都忽略了必要的條件（是不同的必要條件），就此而言，雙方的指責都有合理之處。

7-8　經濟平等作為民主的條件

民主與經濟平等的關係是複雜的。一方面，長期經驗顯示，絕對的經濟平等，肯定不是實行民主的必要條件。同樣，經濟平等也不是民主的充分的條件，因為經濟水平很低時，完美無缺的平等也足以排除實行健全民主的可能性。或由於別的理由，或由於它本身的價值，經濟平等是值得爭取的，但它不是民主的（必要的或充分的）條件。

另一方面，當經濟不平等的情況嚴重時，也不適於民主。這不是因為這樣的經濟不平等會阻礙參與，而是因為嚴重的不平等必然會使許多人的參與失真。少數人擁有巨量財富而多數人陷於相對貧困之中，這就會使一些人的參與機會被另一些人操縱、甚至控制。總之，民主的經濟條件不僅涉及公民自己的絕對情況，也涉及他們的相對情況。經濟平等不是民主嚴格的條件，但如民主要取得最大成效，就必須消滅經濟上嚴重的不平等。

其至經濟上嚴重的不平等也非民主進程的絕對障礙。如公民中大多數享有適度的富足，個別人的財富影響別人參與的能力就會大大降低。某些享有普遍繁榮，民主也相當健全的國家一直容許公民中有經濟上很大的懸殊。況且，巨大的財富固然可以導向對別人非分的操縱，但不需要這樣做時，這甚至還可為民主服務。

消除一切經濟上的不平等，可能不利於民主，理由有二：第一，發展經濟需要大量資本。如果財富的收入與積累完全平均化，這種資本就無來自私人經濟部門的可能。這種平均化即使是公正的，由於妨害發展，只會阻撓而不是促進民主必需的物質條件。第二，經濟平等，可能不利於民主在心理和智力方面的其他條件。多種多樣的技能與活動，好像是與多種多樣的經濟狀況相關連的。民主所需的多樣性態度與興趣，能否在經濟地位相等的社會中保持下去，還是一個有待爭論的問題。為了促進民主，雖要求縮小經濟上的不平等，但消滅一切經濟上的不平等可能不是它的適當的目標。

　　經濟福利是一回事，經濟平等是一回事；都與民主有關，但各以不同方式出現。由於需要改善普遍福利，尤其在經濟發展初期，這種努力一般都需要縮小經濟上嚴重的不平等，因此，常把這二者混為一談。所以，由於推論，物質條件最高度的實現就會帶來不平等的消滅。這種推論是沒有根據的。改善窮人的命運與增進經濟平等這兩個目標，既是互相關連，又是有所區別的。

　　經濟上完全平等，不論實際上能否達到，撇開它與民主的關係不談，如果有公正的分配原則，可能是一個值得維護的目標。在某些實現了民主的社會中，物質及其他條件得到合理的滿足以後，社會公民可以選擇以達到經濟上完全或接近完全平等為目標的政策。但某一特定社會是否應選擇這種政策，這是一個應由社會成員自己來確定的未決問題。

第八章　民主的法制條件

8-1　法制條件

政治的、共濟的，或任何其他種類的社會，它的法制用約翰・卡爾霍恩的話來說，就是它的"內部結構"，它的"組織"。它是建成社會的方式。這種法制可能寫在特定的文件內，如美國的憲法，或者是不成文的，如英國的慣例。有時成文憲法不詳細說明企圖用這種法來治理的社會的內部結構；文件所承諾的可能沒有在社會生活中實現，而已經實現的可能沒有寫在文件內。任何社會中，凡可稱為"憲法"的是指對社會生活極端重要的那些原則基礎。

在實行民主的社會中，某些原則是必須寫進憲法的。**即保證允許並保護公民從事參與社會管理所要求的各種事項的原則。**這些保證就是民主的法制條件。

像民主本身一樣，這些條件的實現也有程度的不同。在完美的程度上，不同的社會有的好些，有的差些。像民主一樣，它們毋須總是採取同一形式，不同的規定可以在不同的情況下發生作用。這些條件由於它們本身的價值也可以像民主一樣作為奮力追求的理想。這種相似性加上法制條件往往是具體規定，而這些規定與民主管理密切相關，結果是常常引起混淆，把法制條件與民主本身混為一談。於是,它們的名字也和民主一樣,經常變為空洞的外殼,可以塞入不同的內容。

8-2　自由與權利

民主國家的憲法必須保證所有公民可自由從事某些行動,並保證保護這種自由。在具體討論民主所需要的自由以前,可以泛泛地談談自由。

民主與自由是不同的概念。甚麼是民主,我已在第一章中試圖加以說明。甚麼是自由,我不能在此同樣地詳加闡述。為滿足目前的需要,只談這一點就足夠了,即:個人自由取決於本身所在環境以及此環境內行事的能力。這二者都是不可少的,它們的結合決定個人自由。人們在世上可能採取的行動步驟必然是多種多樣的,他愈受到限制,就愈不自由。而且,他還必須能利用外部環境所提供的機會,他的能力愈有限,就愈不自由。如果他是受外部力量——法律、習慣、地理或鐐銬——的限制,即使高度發展的能力也不能使他自由。但如整個世界都對他開放,而他卻缺乏從事某些活動必要的能力與訓練,單純道路通暢並不能使他獲得自由。傳統上,無外界限制時稱為“消極自由”(或“客觀的自由”),而有行動或享受的力量或能力稱為“積極自由”(或“主觀的自由”)。

如果正確理解的話,這並不是兩種自由,而是一切真正自由的兩個主要方面。人們真正自由的地方，對這二者都會有真正的關切。但為了特殊目的，主要只談某些自由的這一方面或那一方面是可能的，在討論民主的法制條件時，我便會這樣做。此處主要關心的是某些自由，即消極自由的外界方面。我要談的是防止政府或其他方面對某些活動有所干擾的法制保護。這些自由內在的，即積極的方面同樣是重要的。關於使用者的能力，我將在第九章、第十章討論民主的智力與心理條件時談及。

實行民主必需自由，這些自由常被視為權利。稱之為權利是強調它們的必要性及它們在民主管理中必不可少的地位。這不僅是因為我們喜歡自由地去做某些事，而是必須自由地去做某些事。當我們說"如此等等是我的民主權利"時，所要表達的部分意思就是那個"必須"。作為一個整體的社會，同樣承認這種必要性，有時把對自由的保證寫入"人權法案"，而且常常樂於用法律的力量維護公民在權利範圍內的行為。**不論是否有明文規定，從事某些活動，即有自由去作某些事，是民主國家公民的權利。**

8-3　民主與自由

某些自由與其他政府形式無關，而與民主則緊密相連，因為民主要求公民須有權參與社會決策（這是憲法所保障的自由），並從事這種參與所需要的一切事情。

另外一些自由不論其內在價值如何高，與民主過程沒有關係，因而對民主來說並非必不可少的。信仰宗教的自由便是一例。從事私人經濟企業的自由也是一例。這種自由可能受到民主的保護，但非民主的條件。

專制制度，決定權集中於一人的政體，是民主的對立面。此處我將用它作為一種不民主的原型。但專制政體可能給與公民廣泛的自由。事實上，有些仁慈的專制者在某些領域內所保護的自由要比許多民主國家所保護的還要廣泛一些。然而，專制者雖可保護自由，但他無須這樣做。對專制者來說，限制或取締任何自由，毫無不合理之處。**專制者所賜與的這種自由，是出於專制者的高興，他也可隨興之所至以限制或者取消**。專制者一般認為在有把握的情況下給予（或裝作給予）他的臣民這種自由是可取的，但他也看到在某些領域內，公民自由對專制者的安全，或專制政府的穩定是不利的。

專制者決不准許有從事某些特殊活動的自由。這些與專制政體格格不入的自由，正是民主必不可少的自由，真正管理社會、指導政策並作出決定的自由。專制者可能聽取臣民的申訴（如果允許他們申訴），但最終還是獨斷獨行。**民主政府則恰恰相反，除根據公民的決定外，不能根據其他的決定行事**。因此，民主不僅會而且必須保護他們表達和實現他們個人和集體意願的自由。民主所需而且必須加以保護的，專制政體必須加以禁止。

　　為甚麼有些自由是民主不可或缺的，我將隨後說明。此外，我還要說明為甚麼捍衛這些自由而提出的論點要達到民主的目的還不夠強而有力。我的一部分目的就是要提出更多的、更強有力的理由去維護這些自由。對那些接受民主政府這一理想的人，我認為這些理由是會有說服力的。當然，我們所珍視的自由有各種各類，它們與民主的關係也有所不同；凡非民主不可或缺的自由，我將不加論列。很明顯，自由可以因其內在價值或因其使用價值來加以維護；如果認為自由只能以民主維護，那麼，持這種見解的人一定是被民主迷昏了。況且，這些民主必不可少的自由中，有些甚至在其他一些獨立的領域中也是可以維護的，這些可以適用自由的領域，甚至還可能是不以民主作為目標的。我堅決不主張在維護自由時所提出的那種泛泛的，一攬子的說法，我所關心的是分析與維護和民主管理息息相關並有特殊聯繫的某些自由。

8-4　政治自由

　　實行民主時，必不可少的自由為數很多，難以分開討論。但這些自由，主要可分為兩類：（1）政治自由；（2）言論自由。前者將在本節中略加敘述。本章其餘部分將用以討論後者。

政治自由的含義指的是從事自治引起的各種事務的自由。這些自由基本上包括公民使用某種手段以表示自己意見並在管理中產生效果的自由。

首先，公民必須能自由地投票。社會中每個成員必須按一個人來計算，而且這種權利必須得到保護。當然，這就要求發展公正的代表制（參見第六章）、克制地使用多數權（參見第五章）以及個人可以影響政府的多樣化的技術手段。這些手段和系統，必須把持為民主服務的精神進行公正的管理。

如果有了參與機制，不論如何複雜，公民自由使用的權利必須得到保證。為了保證這一權利，必須一絲不苟地注意大量細節，小心謹慎地保護許多特定而且具體的自由。公民必須自由地參與公職候選人的提名，自己能自由地競選，能自由投票而不擔心會受到報復等。總之，如果要實行民主，這些自由是絕不可少的。

由於這些自由極為重要，任何真正民主的政府都必須在憲法中加以保證，別無他途。它們所起的作用是主要的，所以，一般談話時都把自由與民主混在一起，沒有把這兩個概念，通過參與管理與從事此種管理需要進行各項活動的基本自由區別開來。這些政治自由與民主不是一回事，但沒有它們就沒有成功的民主。

8-5　言論自由

　　民主的法制條件有兩類，政治自由與言論自由。言論自由還可進一步分類。對民主來說，最重要的有下列兩類。（1）建議的自由；（2）反對的自由。

　　（1）民主要求公民自由提出可供選擇的行動步驟，徑情直遂地提出來以供社會考慮。如果沒有建議的自由，公民雖仍有機會在讓他選擇時表達自己的意願，但他已被剝奪進行最有建設性參與的機會。對建議自由的任何限制，不僅是對建議者的限制，也是對社會成員的限制，因為這樣就阻止了他們考慮該項建議。由於這種限制所有成員參與的深度就為之降低。

　　建議的自由如毫無限制，有時可能導致需要全體成員作出選擇的建議為數太多。當公民們被迫從長長的、了解不多的候選人名單中或從需要精確分辨的多種方案中作出選擇時，這可能並不符合普遍參與的目的。但是，要彌補這一缺陷，不在於限制那種自由，而在於設計出行使此種自由時的合適步驟，並由明智負責的代表照管這些步驟。不論怎樣，建議太多或難以選擇，對民主的危害都不會像任意限制建議的危害那樣大。社會可能採取的主要行動路線很少會單純因為建議或候選人過多而無所適從。

　　即使僅僅只有某些候選人或某些可供選擇的政策或

政黨被拒之門外，民主也會嚴重受損，因為那時的參與程度即使很大，從結果上說，也不是完全有效的。只要有不公正的壓制與脅迫就無法確定該項選舉（或其他參與活動）表示了社會成員的真正意志。對成員提出社會建議的任何限制都會削弱民主，直接的是降低參與的深度，間接的是以後任何參與的真實性教人懷疑。

（2）民主要求其公民可自由地反對任何候選人、政策或政黨。反對的自由就是自己出面，或公開提出理由，反對任何綱領或候選人的自由。

建議的自由與反對的自由之間並無明確的界限。提出一項建議，至少可說是間接地反對另一項建議，或者至少可說是引起這種反對。但在民主社會中，間接的反對是不夠的。一切可供選擇的建議不僅須加以權衡比較，而且須經受最激烈的反對者的攻擊。向社會提出的建議必須經得住社會審查的考驗；在最後被採納以前，它們必須擊敗強勁有力的批評者公開而且有組織的反對，以贏得多數的支持。不允許這種反對，或加以限制，不論是迫使某些人三緘其口或公開宣佈某些主張非法，都是堵塞參與的主要途徑，從而也是損害民主。

反對權和建議權一樣，必須加以保護，不僅是出於對批評者的關心，而且是因為這對社會成員的幸福關係極大，他們必須以某種方式對批評者提出的問題作出判斷。要是不允許聽取反對意見，就不能集思廣益，也就不能對問題的決定作出明智的抉擇。對任何反對意見的壓制必然會損害整個社會參與的深度。

然而，反對任何建議（或反對某些政黨或候選人）的自由，不像提出建議的自由那樣會有過多之虞。過多的建議可能引起紛亂，但過多的反對只會使建議受到嚴格的審查，使它可能具有的缺點暴露無遺。持續有力的批評有助於避免匆忙採取行動，也必然會有利於產生沒有同樣缺點的建議。這並非僅僅對批評者有利。如果這一交流的渠道保持暢通，批評會遇到反駁者提出的論證。強有力的批評會招致強有力的反駁。值得社會推選的候選人（或政黨、綱領）都是那些最能經受這種論戰的考驗的。

建議的自由與反對的自由這兩者合在一起就構成民主所需要的言論自由。此處的言論並不限於口頭的，而是包括一切發表意見的形式，口頭的、書面的，以及發表意見一般所採用的各種渠道，如廣播、電視、書籍、報紙、雜誌、傳單、小冊子等。因此，**言論自由也包括出版自由，即發表公眾關心的事實與主張時不受懲罰的自由。**

人人都同意言論自由在民主中佔有帶根本性的重要地位。但有些人是表面上或半心半意地支持自由，他們隨時準備限制甚至禁止他們認為有危險的主張。限制言論自由時往往（但非總是）還以為這樣做會保護民主。只有當民主與言論自由的關係尚未被完全理解時，這種看法才站得住腳。

民主是被治者通過參與進行管理。參與決策要求共同的智力活動，因此，要依靠不斷地表達和交流事實、主張與論點。所以公開提出並討論這些事實、主張和論點的自由是實行民主的條件。只要這一條件受限制或損害，它所要求的民主也受到限制或損害。並非僅僅是因為言論自由是美好的、可取的或明智的而必須加以保護。它有時似乎並不美好，有時它是否可取或明智也有人懷疑。然而，它是必要的，而且必須成為任何真正希望自治的社會內部結構或機體的一部分。言論自由是民主的法制條件。

許多人都承認這是正確的，但不完全認識它對實行民主的意義。因而，關於能否和應否對言論自由施加限制還要經過痛苦的討論。應該有所限制嗎？如果這樣，應該採甚麼形式？即使言論自由威脅穩定與秩序，也應受到憲法的保護嗎？如果言論自由為那些企圖最後毀滅言論自由的人所利用，我們怎麼辦？那些目的在於顛覆自由的人也必須保護他們的自由嗎？

這些就是本章下文中要直接談到的問題。不應指望會有一定原則去解決這一領域內的每一個具體問題。亞里士多德寫道（見《政治學》第二卷）："科學中如此，政治學中也是如此，要把一切都準確地寫下來是不可能的，因為規定總是普遍性的，而做法則是與具體相連。"不過，上述問題的正確答案還是能找到的，而且廣泛理解這些答案對任何民主的成敗息息相關，對疆域遼闊、成分複雜的民主大國來説，尤其如此。為闡述這些答案，我將審視可能提出為言論自由辯護的三種不同的理由。我的目的是要指出成功地實行民主要求對言論自由不施加任何限制，並指出其中兩項理由（使用最普遍的），就民主的理論與實踐來説都是不充分的。

第九章　民主的智力條件

　　民主的智力條件，是公民運用理性能力去處理一般問題的條件。推理能力——天生的創造、運用規則或制定行動計劃的能力——是民主的先決條件之一，也是民主智力條件的基礎。這些條件主要是發展與改進這種推理能力，以及在社會中使用這種能力時所需提供的物質條件。想要成功指導公眾直接地、間接地參與公共事務，實現這些條件是極為必要的。

　　智力條件與民主理論的其他條件緊密相連，尤其是與法制條件——政治自由與言論自由，因這些都激勵與要求智力的發展。的確，我們可以把公民智能的發展視為這些自由積極的內在部分。

　　智力條件主要可分為三類，將依次討論：**(1) 提供信息，使社會公民能根據這些信息採取明智的行動。(2)教育公民，使之能有效地使用所提供的信息。(3)發展協商的藝術，使智力能以合作的方式解決社會問題。**

9-1　提供信息

　　任何社會成員如果要進行有效的自治，對面臨的問題作出明智的決定，就必須要輕易地看到事實的材料，而且這些材料還應該有適當的準確性與完整性。與事實有出入的材料，都必須公之於眾。某些報導者出自無心的偏見，可能為另一報導者不同的偏見抵消。對重要事實情節作故意的曲解或渲染，也只有通過研究其他報告才可以辨識。

事實與數字雖然是必要的，但僅此還不夠。瑣碎的事實必須加以解釋。必須把這些事實結合起來，讓公眾清楚了解事態的過去、現在與將來。對某些情況作正當的不同解釋是不可避免的，最適當的裁判就是了解情況的公眾，應該向他們充分提供對立的分析與意見，而且必須是有根有據的。

充分供應這種材料是民主取得成功的智力條件。如果社會成員共同決定重要問題──或選擇代表決定重要問題──缺乏明智決定所必需的信息，或以欺騙性、片面性的材料為依據，則將造成災難。這一原則之適合用於自治的社會，正如其適用於自治的個人。一個人為取得自己事業的成功，必須自己負責取得需要的信息；一個社會如果希望民主成功，必須負責提供並發行普遍參與管理所需的信息。此處所指並不僅僅是發表事實與意見的自由。那種自由當然是民主的法制條件。除自由發表以外，還必須能發行，沒有發行，自由提供就變成一句空話。

若在大的民主國家中日常行政不是由公民大眾來決定，而是由他們選出的代表來決定，那些代表就必須充分地，準確地獲知信息。公民也有必要獲知他們需要知道的信息以便能明智地選出代表。如果民主國家中，不論間接或直接民主，有治理權的公民處於一無所知的狀態。要想治理好這個國家是不可能的。

使一個人獲知信息（to inform），即要使他處於良好狀態（inform）。按詞源來說，"inform" 這個詞原有 "成為……形成的要素"，所以有 "使活躍" 的意義。獲知信息，就可把問題理出頭緒，有助於形成意見與原則，導致採取適當的行動。充分而準確地獲知信息的公眾，即是已充分而且正確地塑造的公眾，處於活躍狀態的公眾。如果提供的信息是歪曲的或不完整的，根據這些信息所定的政策，當然也會是歪曲的、不完整的。**源源不斷地提供信息，公眾隨時可以看到，要民主欣欣向榮，這是至關重要的條件。**

因此，在民主國家中必須鼓勵與保護朝氣蓬勃的新聞事業。此處所指 "新聞" 不僅包括報紙、雜誌，也包括電台、電視台以及其他公有或私有的發佈機構。它們的活力不僅表現在它們有發表的自由，而且表現在迅速地報導、揭露與公共問題有關的事實與意見。在民主國家中，培養自由與健康的新聞事業是一項十分重要、極端細緻而且需要不斷發展的任務。

一方面，**報紙與電台必須保持獨立，其獨立應受到**

保護。人民需要聽到對政府的一切批評，而且務必使領導人不要迫害那些攻擊他們的政策、甚至個人行為的報刊。人民必須獲得真實全面的消息。不應限制他們只能聽到當權者願意他們聽到的消息，或按當權者認為適當的方式或時間去聽取。這種忠實性與全面性就要求新聞界具有勇氣與力量，而這些特點需要多年時間來培養，慢慢地成為個別社、台的傳統與驕傲。能夠體現這些特性的大型報紙、刊物與電台，寥若晨星，民主國家必須珍視並加以保護，不要為了粉飾政策或政權的賢良公正而採取短視與危險的控制新聞的措施。

另一方面，**民主國家也必須防止出現這種情況，即私人經營的新聞事業毫無約束而變得不負責任。**毫無管理的結果，可能只是使新聞界獲得法律上的自由，而在公共問題上提供真實充分信息的條件卻仍未達到。出版報紙時所遇到的問題便是最好的說明。報紙並不是任何人一時高興就可以辦起來或經營好的事。採編消息、迅速與清晰地印刷、廣泛與快速地發行，這些都是又費錢又複雜的任務。結果是許多市級社會，只有能力支持一家私營報紙，即使大城市，一般也只能支持幾家報紙的普遍發行。發行私營報紙時，這種嚴峻的局限性，嚴重地阻礙了公眾參與時所應獲知的充分與公正的信息。社會中主要幾家報紙（或唯一報紙），如其經營權屬於一

兩個有特定經濟或政治目的的私人團體，則其對該社會
民主的威脅，與其對這些報紙的經營管理的威脅一樣
大。當報紙的所有權，如在美國，一般為極富有者所操
縱時，情況更為如此。某些具有此種背景的報紙，辦得
十分正直。但如果社會的新聞傳播與新聞分析為一個政
黨、政府或私人所控制時，就會危害該社會的民主。然
而，就辦報的條件而言，又以一黨控制為宜。因此，這
是個棘手的問題。

　　這個問題沒有簡單可行的解決辦法。一方面，新聞
的報導與分析不應由政府或屬於政府的人提供，同時，
反對及批評政府政策的自由應得到該政府的保護。另一
方面，在不限制基本自由的前提下，社會必須監督負有
此種報導責任的獨立性機構，以保證在社會關心的問題
上，一切重要與互相衝突的意見都得到公正與充分的發
表。托馬斯·傑斐遜寫道："壓制新聞，對國家毫無好
處，和肆無忌憚地出賣靈魂而弄虛作假的毫無好處一模
一樣，這是值得深思的事實。"

　　傑斐遜對民主國家中新聞事業的中心作用有深刻的
理解。他論證說，為防止民治政府的崩潰，其途徑是，
"通過公開報刊的渠道使他們獲知自己事務的全部信
息，並且想方設法使這些報刊能及於全體人民。我們的
政府既然以民意為基礎，第一個目標就是要保持這種權

力。如果我在無報紙的政府或無政府的報紙之間作一選擇，我會毫不猶豫地選擇後者。應該是每個人都可以獲得報紙，而且能夠加以閱讀。”（引自致愛德華·卡林頓函，巴黎，1787年。）當這個國家還只二十歲的時候，傑斐遜已嚴重懷疑當時社會報紙是否在令人滿意地發揮其重大的作用。 1807年，他在致約翰·諾埃爾的信中即對當時報紙表示強烈不滿。他的批評，對我們現時的某些報紙來說，仍然是適當的。他說：“現在，凡見諸報章的皆不可信。甚至真實的事實，一旦通過此種髒穢媒介的傳播，也會變成可疑的。這種報導不實的內情，只有那些知道真相並能與現時種種謊言進行核對的人，才會有所了解。對廣大閱讀報紙的同胞，我深懷憐憫之情。他們活着時和死去時都一直相信對他們所處時代的事務是有所知的；實際上，他們在報上所看到的敘述，其真實性與世界上任何階段的歷史一模一樣，所不同的只是在他們所讀的神話上換上了當代的真名字。”

在傑斐遜時代，健全的新聞事業主要指的是健全的報紙，現在則範圍很寬。無遠弗屆的廣播與電視、儲存、回收信息方面的巨大進步、電視傳播的潛力，這一切使得向公眾提供充分而又不失平衡的信息任務變得極為複雜。高度精巧的通訊系統，加上廣泛設立傳送與接收台站，使人民獲知信息的任務變得輕而易舉，傳送信息與意見的效率與日俱增。同時，這些宣傳工具既可直達群眾，又無遠弗屆，如有操縱的可能，則其對民主的威脅也隨之增大。

當信息集中收集，統一發佈，像官辦的新聞機構和甚麼"聯合的"，"合眾的"通訊社及廣播、電視"聯播公司"這樣，那種威脅具體化了。如果發佈給地方許許多多報紙、電台的報導與解釋都是千篇一律的，同一內容，同一文字，就可使每個人都處於其影響之下。大家都收到相同的信息，形成相同的想法，社會就失去了民主過程特別需要的對問題多種多樣的分歧的解釋。編輯新聞，集中與篩選每日湧來的大量材料、確定發表甚麼，甚麼應強調或詳述，這些任務需要大量人員與艱巨的工作。完成這些任務主要依靠編輯的眼力與判斷。任何社會也不能指望任何個人或團體能圓滿地完成此項任務。一個社會如不能對完成此項任務付出必要的努力與關心，那麼，它的民主也會相應地受到損失。

因此，必須想出一項控制的辦法，既可以保護基本自由，又可以防止它的濫用。民主社會必須找出一條途徑，以防止政府為自身安全而壓制或歪曲事實，以及私營新聞事業可能產生的壓制或歪曲事實。總的來說，由社會採取某種管理措施是必要的，尤其是廣播與電視，可以發射的頻道就明顯是有限的。這種管理應採取甚麼形式，對這一問題沒有普遍可行的答案。可以有許多不同的作法，通過它們來實現民主的條件。

新聞事業的健全總是處於不斷完善之中。在公眾關心的問題上，總是要求有更多的事實及更清楚地報導事實。對事件的新的解釋，對當代事務互不相同的分析，也時時在產生，如果我們能有機會對這些進行思考，就可以使我們在共同問題上有新的看法。因此，民主國家絕不能滿足於現有的採集、發佈信息的方式。它必須不斷地扶植一切有助於報導與編輯這種信息的新舊機構，並大力開闢各種渠道，使民主所必須的信息能暢通無阻。

9-2 民主與保密

民主的興旺發達倚仗其公開性——公眾關心公共事務——即對一般群眾公開。因此，我們想到民主時，總是把它視為基本上具有公開的性質，a *res publica*，一種共和政體。秘密是民主的敵人。有時出於自衛的緊急需要，與防務有關的重大軍事機密屬於特種信息，只有業務上確有需要的人方可見到。但這種情況應視為例外，而不能作為準則。如果以所謂"內部安全"為理由，使廣大公眾不得與聞重大社會事業的原委、代價與可能的後果，則民主將受到威脅。

凡開始時因安全而保密的，不久即將帶來這樣的結果：一般公眾普遍對其所關心的重大問題一無所知。這就損害了參與的智慧水平。保密與不相信群眾就以此種方式錯誤地自我證明是正當的。如果是因為不相信人民會就某些信息採取明智的行動（或因這些信息的發表妨害所謂的安全），而不讓他們獲知信息，就是更進一步地降低人民採取明智行動的權力。於是，十之八九，越來越多的信息會因同樣理由不得為人民所知。為了保密就會要求更多的保密。因此，故意限制信息的傳播，可能以損害民主的智力條件開始，而以限制民主的範圍斷送某些領域內的民主告終。民主條件的惡化必然導致民主本身的惡化。

這種危險的徵兆之一即**不鼓勵公民探究任何他們認為具有重大社會意義的事實的真相**。當公開機構的報告難以取得時，當政府機構的會議不准公眾列席時，當一切行政決定都是在秘密會議上作出，公眾不得與聞，而且當這樣做而不公開說明理由時，結果就必然會妨害公民的參與。這樣一來，不僅民主的範圍明顯受到限制，在其餘的範圍內，深度也相應降低。

限制旅行就是政府確定的一種保密方式。限制公民在國內旅行，禁止或阻撓他們到某些別的國家旅行，都是對公民去弄清事實的直接干涉。此種政策可能使新聞報導機構行動不靈，也可使各種社會與政策之間的實事求是的對比成為不可能，而這種對比對民主的參與者來說，必然是十分有益的。在國內或到國外旅行，並非僅是政府隨其所好地給予或剝奪的一種特權。它是公民增長智慧的必要因素。旅行就是擴大見聞，而見多識廣的公民對民主來說是必不可少的。對公民和來訪者的旅行不加限制，是自治的智力條件的一部分。如果害怕或限制此種旅行，就有理由懷疑這一民主是否健全，或甚至是否真正存在。談到偉大的雅典民主時，伯里克里斯曾自豪地說：「我們城邦的大門對全世界都是敞開的。」

9-3　公民的教育

受過教育的公民是民主第二個重要的智力條件。如果治理權最終集於被治者之手，要正確指導管理，教育將起重要作用。這已是不言自明的道理。即使提供了數量眾多、內容正確、觀點公允的信息，這對於僅有理性而沒有學會消化與運用這些材料的人，以及缺乏必要技能來處理共同問題的人，都毫無用處。當然，教育不能保證一定產生明智的政策，但是，假如公民未受教育，民主要想取得持久的成功，希望甚微。

社會成員要受多少教育才能符合實行民主的要求呢？對這一問題的回答取決於該社會面臨問題的性質與困難。只要該社會問題的性質大體上不超過所有成員理解的範圍，他們就有可能進行明智的參與──假設民主的其他條件都得到滿足的話。即使在比較原始的社會，幾乎沒有甚麼公正教育，如果公民所處的雜亂無章的環境迫使他們受到一種教育，使他們足以對付他們共同的問題，那麼，民主就能持續下去。學校教育遠非衡量的唯一尺度。在許多社會中，例如古代希臘或美國的邊遠地區，由於有了最低限度的慣例性教育的支持，民主也能成功。在今天某些邊遠地區的小型社會中，情況仍然如此。

同樣，在非政治性的民主社會中，只要社會成員能處理該社會的問題，就算已具備必要的教育。以民主方式組成的俱樂部或特殊利益集團，其成員的認識水平必須高到足以評價有關這一俱樂部或集團共同利益的一切提案。棋類俱樂部成員民主地管理他們的事務時，所需要的教育主要是與下棋條件有關的一切，比如棋類比賽的性質等問題。民主宗教團體的問題遠為複雜與深刻，但一般也不會超過任何正常、穩重並堅信該項宗教的成年人的智能。作為民主條件的教育總是與一定社會的問題有關連的。

當代民主國家在教育方面的要求較高。但因國家面臨的大多數技術性問題，並非由一般成員而是由他們的代表處理，這些要求可以相應降低，對他們在教育上的主要要求是明智地選擇代表。不能也沒有必要期望任何公民都必須知道如何解決社會所有問題。但一個公民必須具有判斷別人提出的解決辦法和這些解決辦法的後果的能力，正如亞里士多德所指出的，自己不會烹製筵席的人還可能是很會品嚐的人，但這種品嚐能力需要加以發展。廚師需要烹調技術上有充分的教育，僱用廚師的人則需要有受過訓練的鑒賞力。所以，甚至在代表制的民主中，成員的教育也是取得成功的一項條件；公民必須在智能上有所準備，以便擔負參與管理時所必須完成的任務。

"教育"這個詞在拉丁語中原意為"引前"。教育即將一個人領向前，把他身上的優點發揮出來，並在對付周圍世界的過程中發展自己的能力。教育作為民主的條件就是以通力合作解決共同社會問題為目標的智能的發展。民主要求的智能可分為互相聯繫但又明顯可分的四類：**(1)實用教育；(2)基本教育；(3)技術教育；(4)人民教育。**

實用教育是為處理人際交往中日常問題所作的準備。這種教育即所謂人事交往中明智行為所不可或缺的"常識"。其稱之為常識，因為它是正常教養的必然結果，也是大多數人在不同程度上發展良好的能力。完全避開生活問題的人，即毫無實用教育，如果都是這樣的人，民主即不可行。但這種情況是很少有的。如果社會的主要問題單憑運用常識即可解決——假使它們就像個人生活中的問題，只是範圍大一些——那麼，通過工作或家庭生活所受到的教育可能就夠了。但大多民主國家所面臨的問題更為複雜，更難以解決。戰爭與和平、經濟發展與社會福利、公共衛生與人口控制，要解決這些問題，如果公民只有實用教育就會遠遠不夠了。

基本教育是訓練使用人類基本智能工具，寫與算。衡量基本教育最簡單的尺度為識字率，即社會中能讀和寫的百分比。對本書讀者來說，這似乎是微不足道的事，但世界大多數國家中，基本教育還是嚴重缺乏的。甚至在比較先進的國家，還有成百萬人（二十世紀中葉在美國有一千多萬人）是文盲。不識字的公民，不能閱讀報紙，不能充分提出有效的批評與建議。他們甚至不能識讀選票。因此，在專制統治之下，如果文盲率無顯著降低，統治者如聲稱其專制的目的是為民主作準備時，幾乎可以肯定那是欺騙。缺乏基本教育時，可以自稱為民主，但實際上很難實行民主。

技術教育需要多年的專門學習，這對於負責處理並非人人都能對付的專門性問題的人來說是十分必要的，要使每個人都受這種教育，既無可能，也無必要。政治社會無須都由科學家與工程師組成，但不能沒有他們。因此，民主國家必須在公民中發展科學管理所需的特殊才能。由於社會問題的技術性日益複雜，公職技術人員的能力也必須提高，公民評估他們服務成績的能力也必須相應提高。

人民教育，最不普遍，也最不受重視。民主社會不僅要選擇目的，並且要選擇手段，而要明智地作出這種選擇，社會成員即使不是所有的至少也應是多數的，必須有高度的人民教育的陶冶。經費與技術人才只能使用於公民直接認為或其代表認為值得使用的項目。技術專家是重要的，使用技術專家的人以及選擇與影響那些使用技術專家的人更為重要。民主國家中，智慧與高超的政策歸根到底要取決於確定政策的公民是否智慧與高超。

如果這聽來好像是老生常談，我們就必須考慮一下那些民主大國在財力物力上的實際開銷，與它們所宣稱的目標之間所存在的差距。站在富國前列的美國，繼續把巨額金錢——公共財富中的大部分——花費在軍火上，這些軍火驚人的破壞力已非人們所能想像，只有那種驚人的浪費可與之相比。同時，這些國家在國際和平戰略與和平問題上、在真正的裁減軍備上、在全球人口增長的實際情況上，以及全球性的營養不良等問題上所花費的力量少得可憐。出生率、健康、環境保護、就業、國際合作等等問題如此嚴重，必須盡快解決，否則

就會發生世界性的災禍。這種信息可以不斷地在廣播中
聽到，公民們卻聽而不聞，繼續自行其是，好像來日方
長，不必急於尋找解決問題的辦法。某些民主國家試圖
對社會生活中應優先考慮解決的問題的順序作明智的估
計，卻不斷出現嚴重的差錯，這時對於這些國家的將來
也非吉兆。

　　民主政體所不可缺乏的首先是廣泛的教育。學習歷
史、欣賞偉大文學作品、從事評論藝術、了解哲理探
討，所有這些都是人民管理好自己的事務時所必須具備
的智力條件。由於害怕喪失國家的聲望與軍事優勢，科
學技術的研究過於經常地獲得優先考慮。如果不培養公
民在選擇目的與作出判斷方面的才智，對已經掌握的技
術就會失去指導的能力，這就是更大的危險所在。需要
研究人民教育並普遍推廣，這種需要是怎樣強調也不過
分的，而這卻正是民主國家教育體系最薄弱的。我們美
國的情況便是如此，我們很快就會感到後悔莫及。托馬
斯・傑斐遜曾寫道：「如果一個國家期望在文明時代既
無知又自由，它所期望的事過去沒有過，將來也不會
有。」

9-4　交流的藝術

　　如果參與管理純由許多私人行為所組成，各個成員
只需就其所知，盡其所能地獨立行動，那麼，信息和教

育就可能是智力範圍內我們所要求的一切。然而,有效的參與,雖然要求獨立思考,但也要求合作地運用事實與意見。參與的深度主要依靠人與思想的相互作用,而這種相互作用卻要求特殊的智力方面的技巧。總起來說,這些技巧就是交流的藝術。

為滿足社會中衝突的、重疊的、形形色色的需要與利益,其成員必須持續不斷地交換意見。政黨之間的分歧,必須商討、辯論以期充分地了解;與對立利益集團有關的提案會產生何種後果,也必須加以評論並防止可能發生的不利影響。整個社會較大的需要必須共同調查研究,共同對解決辦法作出評價。只有這樣,個人才可有效地參與管理涉及社會幾個部分以及若干年的事務。討論、批評、辯論以及各種各樣的思想交流,不僅僅是應享有的自由,而且這些實際行為總起來看已成為民主要取得成效的第三類智力條件。**沒有交流的藝術,民主當然也可能進行,但有了它,民主才可能成熟。**

因此,培養交流思想的技巧應永遠是民主教育一項中心的目的。處理全社會都關心的問題時,任何共同努力當然要依靠報紙、書籍及廣播、電視的交流意見,也需要直接通過會議來交流。民主要求其成員學會說話時清楚中肯,聽話時注意力集中且能理解,動筆時明白通暢。公民不能只是聽音哨,他們必須具有傳遞自己和別人思想的能力；他們必須要能表達自己的關心與觀點。會議要取得成功就要求名副其實的交流，與會者必須能理解別人的立場並掌握其論點的實質。這些都是極為精巧的智能；它們是在無形之中發展起來的，但也需要努力與訓練。公民非常需要這種智能，但即是在最優秀的政治社會中，這種智能也遠非人人都有。

　　培養交流的藝術是民主國家公民應視為自己必須完成的一項不容鬆懈的要求。他們可以通過正規的設施、中小學、圖書館、博物館、大學、基金會等部分地完成這一任務。這些設施是一個社會對其成員智能的發展與培養表示關心的具體表現。但交流必須遠遠超越或低於正規設施的範圍，它必須滲透到社會各級——通過公開演講、討論小組、座談會、街頭講話及委員會會議等，尤其是個人間的交談。這一點我們可以向雅典學習。我們有着雅典人作夢也沒想到的交流工具，我們卻讓對話的藝術敗壞無遺，更不用說尖銳的辯論與動人的講演。良好的對話即口頭上的“交換意見”；它只有參與者知道自己的所見何者可以給與，並知道如何取得並使用對方的所見時才發生。

　　談話是最細緻，也很可能是最有效的交流思想的方式；**民主社會就是一種成員處於經常對話之中的社會，把各種思想和建議在彼此之間傳播。**

民主社會是個講話的社會。因此，把最能體現民主特性的機構稱之為 parliament（議會）是非常恰當的。這個詞的本意就是談話、互相商談（parley），直到能採取彼此均感滿意的解決方式。這當然不是它的全部目的，但是，假如那裡不持續進行良好的談話，就不一定能很好地完成任務。議會就是聚談之所。那些以此來批評議會的人是不懂得民主進程的必要條件。

民主國家的成員必須以這種議會精神參與管理——主要是通過說、聽、讀、寫及討論一切與社會有關的事務。無論是在工會及商業組織、俱樂部及兄弟會中，還是在電車及市場上，在球賽或雞尾酒會上，或者在各種各樣的報紙、期刊、書籍、傳單及寫給報紙與朋友的信函中，民主國家的成員必須以一切合理的方法，持續不斷地交流思想與意見，從而與他們的社會建立聯繫。*Idiotes* 這個希臘詞原意為不參加這一切活動的人，即指生於社會中只是關心自己事務的人。從貶義上說，這樣的人就是一無所知，不能說話，十十足足的一個白癡（idiot）。關於雅典的民主，柏里克里斯說：

> 我們的公民公私事務兼顧，不容許專注私人事務而忽視對城邦事務的了解。與其他城邦不同，我們認為脫離公共生活的人，不是"安靜"，而是"無用"。我們親自謹慎地決定或辯論一切政策性問

題，因為我們並不認為言行無法一致，而且相信未經充分討論而冒昧行事，必遭失敗。我們素以行為果敢而事先考慮周到而聞名於世。別的人都有勇無謀，只是愚勇，深思熟慮就能打退他們的進攻。不論前途是榮譽、是艱險、看得最清而且敢於挺身而出的人才是大勇。

（修昔底德：《伯羅奔尼撒戰爭史〈1〉》II，40）

最後，民主智力條件是否已經實現，不是一件易於測定的事。文盲率、入學率、入大學率、圖書館圖書周轉率等等數字有助於測定，但不能作為定論。人際思想交流的質量很難用數字來衡量，它是天賦的能力與其發展的程度，以及對運用這種能力的愛好，這幾方面複雜的組合。雅克·巴曾建議"民主教養的質量可以在餐桌上、及起居室中加以檢驗，正如在學校裡、在教室裡、在講場上受到檢驗時一樣"（《美國的教師》，1945年版，第239頁）。按照這種檢驗辦法，國家範圍的民主要比我們希望的要差一些，而地方範圍的民主要比我們設想的好一些。

不能充分認識民主的智力條件，常常是民主政府鑄成災難性錯誤的根源。有的人認為民主政府犯錯誤是常事而不是例外。例如，李普曼就認為"每到緊急關頭，居於優勢的輿論總是大錯特錯。"他繼續說："人民總是強行否決那些了解情況並富有責任心的官員的裁斷。而那些本來明白如何處理才會更明智、更合乎需要或更有益的政府，也常常因此被迫處理失當，或動手太遲做得太少，或做得太久花費太多，或平時太和善，戰時又太好鬥，或談判時要麼太中立、要麼一味讓步、要麼毫不妥協。本世紀以來，輿論具有壓倒一切的威力。事實顯示，在生死關頭，它常常是危險決定的決策者。"（《公眾哲學》，1955 年版，第 23 － 24 頁）

這種描述過於陰暗。但如果在某些情況下，即使有證據支持此種批評，也並不能因此認定人民總是窳劣的統治者；而是要用來說明當他們缺乏教育、寡聞少見時，他們犯過嚴重的錯誤。要補救這種危險並不是要放棄民主，把管理權交給那些才智並非太多，審慎又不足的人，而是在於改善智力條件。傑斐遜對這一問題曾簡單明瞭地説："就我所知，社會的最後決定權只有交給人民自己來掌握，此外，別無更安全的寄託。如果我們認為人民見識不足，判斷不周，不能執行他們的權力，補救的辦法不是把權力從他們手中取走，而是通過教育，讓他們善於判斷。"

第十章　民主的心理條件

10-1　形成氣質的心理條件

　　民主應具備的所有條件中，心理條件是最基本的。心理條件指的是社會成員實行民主時必須具有的性格特點和思想習慣。歸根到底，這些條件的所在，在於各個公民的內心，即心靈之中。但就其實用意義來說，重點還必須放在這些性格特點的外在，即行為上的表現。這些特性就可視之為氣質。我們可以說一個人具有和善的氣質，或具有易怒的氣質，就是按他通常在行為上的表現，然後概括起來描述他的氣質。在此意義上，民主的心理條件是氣質方面的，它們是促使許多社會成員按自治要求的方式去行動的習慣與態度。

　　民主的其他條件主要取決於此。如果這些氣質在公民中達不到一定的普及的程度，教育機構也好，新聞媒介也好，交流藝術也好，都不會得到很好地發展與使用。法制條件──保護參與權，尤其是言論自由權與公開批評政府權，也同樣如此，如果絕大多數成員在氣質上不善於克制自己的行動，符合這種保護的需要，法制條件必然難以發展或被濫用。

　　雖然氣質方面的條件沒有正式體現在法律、文獻或制度中（有某些例外），但卻深藏其後並支持它們。法院與立法機關的行為、報紙的編排、對憲法的尊重，歸根到底都決定於公民的特性。民主機器是由其成員的風格來潤滑的。這些條件缺乏具體規定，僅僅是因為它們是氣質方面的，是存在於各個人身上和行為中的。這就足以說明為甚麼發揚這些條件時，以及在一定社會中衡量它們的存在時，總是要遇到極大的困難。某些推行順利的制度，可以說明某種廣泛存在的特性，但特性本身的表現方式可能是無窮無盡、各種各樣的。民主的氣質條件與它所支持的其他條件之間，很難找出明確的界限。

民主社會成員應在多大範圍內表現出具有這種氣質條件，這是不能準確說明的。在這方面，數量的分析真是出奇的困難，而且，由於其他可變因素：社會的大小、外部情況、其他民主條件實現的程度，使其運用也極為複雜。我們可以肯定地說，並不需要社會每個成員都表現出這種氣質上的特性，也不需要社會一部分成員，時時表現出這種特性。但民主確實要求較大百分比的參與者，在較大百分比的時間內表現出此種特性。在關鍵時刻或有爭議問題上尤其要表現如此。民主的心理條件像其他條件一樣，是在不同程度上來實現的，其實現的程度愈不能令人滿意時，則民主的實現也將在同樣程度上令人難以滿意。

我將討論的這一系列氣質上的特性本可以用另外的

方式來組織。它們互相重疊，彼此之間區別不明，可以互相補充。雖然並非詳盡無遺，但如作一般的了解，也包括了民主所需的主要氣質。它們合在一起即構成所謂"民主的精神狀態"（巴布：《民主與獨裁》1956年版）。

性格上的那些優點通常會被名詞化，敍述時用名詞，例如：誠實、正直、勇敢。把本來應用作修飾語的詞語名詞化，可能會引起誤解。最好不要把美德理解為具體事物，而理解為形容人（如他們是誠實的、正義的、勇敢的），或他們的行為（如他們誠實地、正義地、勇敢地履行）的一種方式。我們之所以會含糊概念，是因為通常我們主要關注的並不是所描述的行為或人本身，而是人正在或應該以何種方式實施行為。為了歸納這些方式，我們便把每一種方式都當作一個實物來談；當然這只是為了說話和寫作時的方便。

下文中，為了說清楚問題，有時將以形容詞的形式提到這些心理條件（如：民主必須是＿＿＿＿），這一空白即由形容詞填充；有時則以副詞形式（如：民主必須＿＿＿＿地行動）；有時則使用名詞來指稱這些特性。此處所述各種特性，主要是與公民性格有關的。當公民正常的行為模式與這些特性一致時，當他們傾向於按所指方式行事時，就算是恰當地定義了公民。不是具體的物件，而是以某種方式行事的氣質構成心理條件。不論用

語如何，我的着眼點不僅僅是羅列一套各種各樣的優
點，而是實行民主要有成效時，要求公民必須表現的特
殊氣質，不論這是不是優點。

10-2　相信錯誤難免

　　民主國家公民必須相信錯誤難免。不僅僅是易犯錯
誤，這是肯定無疑的，他們若非如此，就沒有必要實行
民主。在這個世界上，無須很多的經驗即可認識到：即
使在重大問題上以及在自己深信不疑的意見方面，人是
多麼易於出錯。人不能無錯，也相信人人都不免出錯。

　　人們在接受或反對某些信仰、意見時，相信錯誤難
免，即是一種氣質上的特性。民主主義者需要培養這樣
一種心境，即在實踐中絕不認為任何有關事實、主義或
道德原則的見解是絕對正確，無改善的餘地。克倫威爾
說：“難道你所說的絲毫無誤地符合上帝的旨意嗎？為
了耶穌，應該認識到你也可能犯錯。”

　　相信錯誤難免，並不要求否定一切，把某些確是真
理的信念或原則也加以否定，或主張不應加以維護。它
只要求否定號稱為真理的絕對正確性，不論誰是號稱
者。它也不要求民主主義者不去肯定任何事物。他當然
可以肯定，無數的真理已為許多人所確信，並作為他們
日常生活的依據。其中有些是瑣細的——門鑰匙在棕墊
下、郵局午間開門；有些則遠非瑣細——人人平等，愛

比恨好等等。許多此類意見，是從不需要找理由加以懷疑的。只要承認自己可能出錯，這種肯定的感覺與相信錯誤難免並不矛盾。

這種態度影響深遠。如果一切意見都可能出錯，至少在沒有聽取對立意見以前，即不應對任何重大問題作出決定。從某種意義上說，**相信錯誤難免，是民主主義者所應具備的氣質中最根本的一點，因為否認任何政黨擁有絕對的智慧，就會鼓勵一切有關的人都參與決策。**如果認為任何人或任何團體絕對正確，那就只有把管理一切事務的權力都交給他或他們才合乎理。對相信錯誤難免的公民來說，在根本問題上進行辯論，不僅是可以容許的，而且是至當不移的。民主主義者必須時刻準備着在根本問題上進行辯論，所以這種態度是必不可缺的。

相信錯誤難免這種態度作為一種條件，是與公眾的智力條件緊密相連的。正因為堅信任何單一的信息來源——不論來自政府內或政府外的都不足以完全信任，才需要有多種獲得信息的公開渠道。從邏輯上說，新聞自由不一定是錯誤難免論的先決條件，但前者如不存在，後者也不可能興旺發達。反之亦然，但比較不明顯。如果連對立的報導與意見都聽不到，所有渠道僅提供一種看法，提出批評意見的傾向就會萎縮，相信錯誤難免的風氣也將消沉下去。

　　民主主義者不會在錯誤難免論的支配下產生這樣幼稚的看法，認為一切意見的價值都相等。當然不會如此。有的信念是錯誤的，有的是愚蠢的；民主主義者深信在特定情況下確實如此，他必須作好維護自己信念的準備。某人在某一時期認為愚蠢的事，在另一個人或不同時期看來卻明智的。正因為意見的價值不是相等的，所以民主主義者必須樂於在爭論聽到不同意見，以便弄清誰是誰非。喬治・伯納・肖寫道："所有公民都應有言論與發表意見的自由，關於這一點，我們的整個理論不是建築在這樣的假說上，即人人都是正確的，而是基於確信每個人在某些方面是錯誤的，而另一些人在這方面卻是正確的，因此，不允許人人都發表意見就會危及公眾的利益。"（《百萬富翁的社會主義》，1901年版）

　　那麼，"懷疑主義"是否民主主義者所應採取的適當態度？這就要看我們怎樣理解這種態度了。如果"懷疑主義"指的是否定一切真理的存在，認為一切求真的努力都是徒勞的，那種態度就不是支持而是妨害民主，當然也不是錯誤難免論的含義。但如果"懷疑主義"的意思是指對一切重要的信念均堅持要批判地加以審查，那就是錯誤難免論的要求，也是適合於民主主義者的態度。他力圖把對社會情況的理性探討客觀化，而這一探討本身就意味着承認某些認識是可以獲得的，即使易犯錯誤的人也可以獲得某些認識。所以,實行民主是以承認某些判斷確比另一些好為前提的,而且承認在自治過程中作出這樣的決定是永遠不會完結的任務。廣大成員要有成效地完成這一任務就要求他們必須是錯誤難免論者。

10-3　重視實踐的驗證

民主國家的公民必須重視實踐。所有政府都會難免遇到着疑難不定的局面,這時公民必須樂於把各種各樣提供抉擇的解決辦法付諸檢驗,首先是辯論的檢驗,適當時付諸實踐予以驗證。實驗主義不要求人不受任何類型的學說或主張的約束。它只要求認真對待需要社會採取行動的任何重大建議,並客觀地確定它們的可行性與必要性,適當時加以實際的檢驗。實驗主義與錯誤難免論是相輔相成的。後者承認錯誤的無所不在。前者則傾向於採用可以暴露錯誤的方法。一旦承認沒有任何人或政黨會不犯錯誤或擁有全部真理,餘下的工作就是要採取這樣的行動以彌補我們認識上的缺陷。對幾種備選的主張和方案的價值作實證性和系統性的探究,這是糾正錯誤和無知的最好辦法。

在自然科學領域內,樂於接受新思想、願意加以驗證、如實地評價何者起作用,何者不起作用,所有這些都是取得進步不可缺的。這一切結合在一起就是實驗主義。這是聰明的科學家求實的態度，也是明智的政治家一種最主要的態度。在科學調查研究中，我們面臨的候選者是對立的理論、假設及其鼓吹者；在民主政體中，我們面臨的候選者是由個人或政黨代表的對立的原則、政策。正如科學探討的性質是要小心翼翼、不偏不倚地衡量有利於和不利於候選者的各種根據一樣。民主過程的性質也應該是在環境允許的情況下，慎之又慎地權衡待選的各種方案與每個候選人的價值。

重視實踐的思想需要教育來養成，它又是擁護教育的。及此，氣質條件與智力條件又一次聯結在一起。如失去了用實證方法處理問題的興趣，就不會充分或深度地利用教育設施；而培養實證的風氣又需要學校、圖書館、博物館以及一切交流藝術的支持。實證性的探討需要訓練，也要求有頭腦；有訓練就可知道別人是如何開展的，取得了甚麼收穫，有頭腦就可以延伸別人的經驗並掌握所學新知識所產生的後果。

同樣，民主的心理條件和它的法制條件也是互相聯繫的。後者的核心是言論自由，我在前面曾將言論自由劃分為反對的自由與建議的自由。這兩種自由在國家憲法中，正如錯誤難免論與實證主義在人的頭腦中一樣，都是相輔相成的；它們總是成對出現。因為相信人總是要犯錯誤，所以支持反對的自由。這種支持是相互的，因為誰也不希望培養一種支配行為的特性，其外在的表現會相應地遭到懲罰。同樣，堅信理論須通過實踐檢驗，就會在實踐中支持提供備選方案——無論候選人或行動綱領——以供選擇的作法，而實踐也驗證了這一理論。這種不排斥任何合理實踐驗證的求證精神，在科學領域中是習以為常的。並且是取得成功的基本原因。在民主社會中，這種精神也必須是極為普遍的。

10-4　持批判態度

民主國家的公民對待他們的領導人應該持批判態度。理想的情況是社會成員與選出的官員之間，存在着互相信任互相忠誠的關係。但成功的民主卻要求公民在信任之中揉合一些批判精神，即對當局存在一定程度的不信任。

Authorities（當局），此處用複數形式是恰當的。民主主義者需要懷疑的不是authority（權威）本身，如果有真正的民主，成員的參與就是這種權威的牢固的基礎。公民尊重法律的權威，事實上是由於受到民主的鼓勵；民主國家的法律，不用形而上學的眼光來看，就是公民自己的法律。但不能因此就說在制訂、執行這些法律時，起直接作用的人都有大智。合法的權威應受尊重，公民則以服從法律的形式表達他們的尊重。當局是否值得尊重，需要被驗證，所以，他們和他們的行為必須適當受到授權者的監督與審查。

即使有高度的智慧與良好的心願，立法與行政官員也不能免於不犯一點錯誤。任務的紛繁複雜、須決斷的問題為數之多、當選時的承諾、選區中利害不同的各方所施加的壓力，加上所得到的信任是脆弱的，這些以及其他因素，使公職人員在進行工作時必然要出錯，正如任何人處於這種情況都難免出錯一樣。但手中的權力卻往往會使當權者忽視自己出錯的可能性。而當權者因為有權，其錯誤會產生更嚴重的後果。為了免於常出錯誤及必要時可迅速挽回有害的影響，被選出的官員的公職行為與決定必須由公眾經常加以評論。

有的人自然會這樣設想："他們"——這些官員——都是有名望、受尊重的人，最有資格對重大問題作出判斷，他們的決定是無須懷疑的。前提是合理的，但不能得出這樣的結論。領導人的判斷應該得到尊重，但也應該加以懷疑，否則，公眾會失去對公職人員的控制，隨之也會失去公眾應有的不間斷的最後決定權。

掌權者當然會感到這種無休無止的挑剔令人不快。他們畢竟是公眾選出來從事立法和執法工作的；他們有責任把工作做好。批評是容易的，做起來就不是那樣容易。官員們肯定對疏於職守或工作有誤的指責感到惱火，當這些指責涉及他們品質時，任何捕風捉影之談更會使他們憤怒。然而，有力的批評還必須進行。**要加以懷疑的，至少在大多情況下，不是官員們的品質，而是他們的判斷，而且，他們決定競選就是表示要使自己成為公眾經常質詢的目標。經常受到批評應該是民主國家中每一個官員的家常便飯。那是一個負擔，但應作為管理好政府而必須付出的一部分代價。**對於認真完成工作，有責任心的官員，人民會感激他們，並給予他們獎勵與榮譽，這算足夠的補償了。我們無須憂慮經常的批評會使愈來愈多的人不願擔任公職。

因此，對那些專以批評當選的領導人為職業的人，有意地給以支持是明智的作法。按照英國的習慣，少數黨首領由於其特殊責任，由政府付給報酬，就是此種精神的具體體現。把在野黨稱之為"女王陛下忠誠的反對派"，這一名稱也恰當地體現了這種精神。在民主國家中，忠誠並不意味着同意，更不是口是心非的同意。當政的領導人不是在具體問題上，而是在最終目標上支持自己的政府，這是忠誠的更有價值的表現形式。民主國家需要忠誠的反對派，而尊重反對是極為明智的。

對領導權的合理的不信任是這種態度的進一步表現；時時刻刻都認為執政者的權力是授予的、派生的、因而也是受到選民最後決定權所制約的。限制當選官員的任期，有時甚至宣佈連任為非法，便是這種傾向的具體體現。新領導人使新政策有實驗的機會；但更基本的是：較短的任期可保證使權力返回成員手中，有助於防止權力的濫用。當選以後也有種種辦法懲罰濫用權力，如彈劾、罷免等。持批判態度的公民必須有所準備，使他的批評更為有力。

以甚麼態度看待領導者本人，也顯示出這種批判精神的力量。專制君主與獨裁者從他們的臣民那裡所獲得的是畏，而不是敬。他們為誇大的頭銜（殿下、救世主、最高領袖）所美化，要以表示所謂崇高的間接稱呼（陛下、閣下）相稱，穿着華麗的官袍與制服，頭戴王冠，手持權杖，身佩勳章；住在王宮，坐於王座。如果有幸得到臣民的歡心，死時還可以成神；有些，如埃及法老、日本的天皇，死以前即被奉為神靈。如果社會的權力均集中於凱撒一身，他的座位被美化，坐在這位置上的人為人們所敬仰、懼怕，那是可以理解的。而民主國家的領導人卻只是在一定時間，由公民為達到自己的目的，而選舉出執行權力的公職人員。由於他們是得到公民的信任與支持才被選舉出來擔任職務的，他們應得到尊敬與讚揚，但非美化。對於他們，尊敬是必要的，畏懼已大可不必，神化則是荒謬。民主國家的領導人，由於選民所任命的職位而具有特定的職責與權利，也可隨公民的好惡連任或被更換。嚴格說來，他應對他們負責。簡言之，民主國家的領導人是公僕。在民主健全的地方，他會嚴格履行公僕的責任，他的公民同胞也會待他如公僕。《聖經》中曾記載馬太對民主社會成員提出過如下的告誡（20：25-27）："你們知道異教徒是由他們的君王統治的，那些大人物對他們發號施令。你們不應該是這樣；你們之間誰是偉大的，讓他作你們的教長；誰是你們的首領，讓他作你們的僕人。"

10-5　要有靈活性

民主國家的公民需要在他的生活環境中調整自己以適應不斷發生的各種大小變化。民主要求公民具有靈活性，不僅僅是指他們對各種改變應作好容忍的思想準備，而且有更積極的意義，即願意看到社會處於不斷改變之中，樂於使自己的生活與之協調。具有靈活性的公民認為改變是正常的；他期待他所在的環境每年、在某些方面甚至是每天，都有所改變。當這些改變迫使他在自己的領導人上、自己的政策上、自己的計劃上、甚至自己的生活方式上，作出相應的改變時，他也不會感到奇怪。

靈活性並不意味着單純為了喜歡改變而改變。對於不合理的保守主義，即使完全有理由進行改革時，卻仍然要墨守成規，那便要反對。邊沁所謂"中國觀點"——歷來如此的即應保留——與民主是格格不入的。具有靈

活性的公民可能尊重過去的傳統，但不崇拜它們。如果
客觀環境有新的發展要求改變時，他即樂於加以改變。

明智的改變是以不完全改變現有情況為前提的。如
果一切同時都改，那只是替換和混亂。因此，民主社會
需要經常決定社會內何者值得保存，何者需要消除或改
進。樂於承認需要改變，甚至根本性的改變，而且有能
力適應公民本身可能創造的新生活，那就是作為充分民
主所要求的心理條件上的靈活性。

10-6　要有現實的態度

民主國家的公民必須認識到所有人類組織都不是十
全十美的。現實主義就是按此種認識來行事和判斷的一
種態度。例如，選舉代表人，標準應該是高的，但有現
實態度的民主主義者會理解，選擇代表或領導人時，必
須在不同的優點與缺點的組合中進行選擇。人如此，工
作也是如此。現實主義者會認識到社會問題不會有一了
百了的解決辦法，調整與改進人類制度將繼續不斷，永
無盡期。由於改革永遠也無法徹底完成，如果實行民
主，公民必須心甘情願地生活在並不完善的政府之下。

在健全的民主中，現實主義表現為求全與失望之間
取得平衡的一種態度。對人類及其工作感到失望就會不
願再負擔監督之勞，這樣一來，也就放棄了自治的主要
任務。力求盡善盡美就會不斷拒絕接受合理的代替辦

法，直到最後，只有倚靠暴力才可解決問題，或聽任不滿情緒日益增長而導致民主的毀滅。必須在兩種極端之間找到一種合理的中庸之道。民主是建基於並非絕無瑕疵的人與制度之上的。任何瑕疵均可為關注的對象，如果是非常嚴重的很可能獲得改善。尋求這種改善時傾向於採取合理的行動，永不滿意但絕不失望，這就是我說的現實主義。如果社會成員在評價他們自己和別人的工作時，不能保持現實的態度，自治的壽命就不會長久。

10-7　願意妥協

　　民主國家的公民須樂於以妥協的辦法解決他們的分歧。**民主的所有條件之中，這是最重要的，因為沒有妥協就沒有民主**，而有關各方如不願妥協，即無達成妥協的可能。

　　任何社會中，人與人之間利益的衝突是無法避免的，要制定出各方雖不完全滿意，但至少都能忍受的辦法便成為社會成員的任務，如果問題少，由他們直接制定；如果問題多，則通過代表間接制定。權衡各方的爭論，從而形成政策、制定法律的過程便是妥協的過程。妥協是民主程序的核心，任何在原則上認為這種程序不適當的人，是不會對民主政府感到滿意，也不會使它有所成就的。

　　希望自治取得成就的社會成員必須認識到共同問題

的解決，很少能是簡單的或單方面的。利害衝突各方參與的政府，不僅要求參與者對這一點有明確的認識，而且要求參與者要樂於把這一認識在參與時付諸實踐，避免要求完全滿意的解決辦法。樂於用妥協辦法來解決分歧，這種氣質在行動上是與現實主義的心懷互相關連的。

　　拒絕妥協，除開無條件投降外，不接受任何一切，這是專為兒童所寫的故事書中那些英雄們所表現的特性。霍姆斯法官曾對讚許此種行為的精神狀態作如下的描述："對於浪漫故事中的騎士來說，僅僅同意他的戀人是位好姑娘，那是不夠的，如果不承認她盡善盡美，世間無匹，就得找你決鬥。"（"自然法"見《法學論文集》，1921年版）這種思想簡直是幼稚：有這種表現的社會成員在自治政府中是不會成功的，那些有權力支配他們的人，會把他們像兒童一樣對待。政治上成熟的人會尋求中肯的解決辦法，使衝突各方都得到一定程度的滿意。總的來說，民主要求其成員表現出這種成熟。

　　民主與專制之間的差距，可比為木筏與帆船之間的差異。前者航行安全，但很緩慢，在浪中起伏，有時後退，風暴衝擊時，乘客的腳常常被弄濕。後者航行時迅速壯觀，舒服而有把握，有時撞在木筏可安然渡過的礁石上，卻造成災禍。這一比喻，雖過分渲染，但以之對比這兩種制度下解決衝突的模式，還是適當的。專制政體解決衝突的辦法宣佈時就有把握，而且乾淨利落、直接了當，行動是迅速的，方向也是明確的。但社會中多種利益集團，一般都不願準確地朝着同一方向走。專制政體的效率與決斷是以高昂的代價取得的。它壯觀的表面可能掩飾着日益加劇的憤怒與不滿，基礎的不牢。民主的解決辦法是來自妥協，更有些像木筏。他們不是聲勢浩大地解決問題，而且很少談得上效率與乾脆。他們甚至可能不是明確地向一個方向。然而，由於衝突各方的壓力，而且各方都得到某種滿足，他們必然會緩和最嚴重的緊張局面，渡過專制主義所不能渡過的難關。

　　所以，我們說民主社會，雖然其制度是七拼八湊的、其進步是搖擺不定的，但一般它總能設法對付過去。持現實態度的民主主義者會甘心這種對付。主要是內部衝突的解決可以無需要求任何人作出不可忍受的犧牲，或強加的不可忍受的不公平。解決的辦法只能通過妥協。

　　有的人認為，自覺接受妥協，作為一種政治方法在道德上是錯誤的。他們說既然知道——或至少是堅信——自己的原則完全是正確的、公正的，卻要妥協，那是虛偽，因此是錯誤的。只有堅持，這些原則才可望勝利，而任何妥協的傾向都將有損堅持。

　　對這種論點，我的回答是：你認為自己的原則是正確的、公正的，但同一社會內別人也可認為並堅信他的原則——與你針鋒相對的原則——是正確的、公正的，這二者是互相抗衡的。不願妥協的批評者，不能只是因為他深信對方如非巨憝大惡，便是執迷不悟，或者因為他決心不惜任何代價取得勝利，便可堂而皇之。這種立場是對民主的威脅。民主是以社會為前提的。任何集體，如其中一部分要消滅另一部分，這個集體即不可能繼續團結一致進行有效的自治，因為勝利者與失敗者不可能達到真正的一致。如果對立各方認為不妥協地維護其勢不兩立的立場，比維護他們同在的集體更為重要，這個集體就必然要毀滅。用武力重建“聯盟”是可能的，但戰爭是殘酷的，重建一個真正的集體亦緩慢而痛苦。如此針鋒相對的原則、如此勢不兩立的各方，甚至毫不考慮妥協，對民主的破壞力是無可比擬的。

　　那麼，是否必須為了團結而犧牲原則呢？當然不是。根本不需要犧牲原則。只是在解決方法上、具體行動步驟上，達成妥協。可以認為，所同意的步驟只是部分地實現了自己在原則上的要求。但暫時接受一項不能滿足自己一切要求的方案，與放棄再作任何合乎自己原則的要求，這二者之間存在着天壤之別。原則可以，而且很可能應該堅持。堅持原則與雖非全面地但能部分地實現自己目標的政治行動是完全一致的。堅持原則與行動上的審慎，這二者之間並無任何矛盾。的確，歷史上成功的事業使我們有理由相信，許多要求之所以能完美地實現都是長時期中經過一系列的妥協然後取得的，而非在每一步上都頑固地堅持按自己的方式執行。由於時間、教育、善意，而且因為有連續批評與討論的自由，參與者可能看到的原則廣泛地、甚至普遍地被接受，或者，他可能終於看到其他原則的力量與價值。願意妥協與有原則地維護自己的立場，或批評別人的立場，這二者之間毫無抵觸之處。如採用妥協而不是武力的解決辦法，正確的原則很可能終於居於優勢。如果把具有遠見的接受妥協與表裡不一等同起來，如果錯誤地用堅持原則作為決不妥協的理由，那就是民主的災難。

妥協的過程對民主是特殊的支持。它不僅是一種手段，可達成相互滿意的結果，而且還可帶來珍貴的副產品。要妥協就要參與，制定一項協議，各方都必須起積極作用。**真正的妥協就是綜合對立的勢力，並把雙方（或幾種）觀點中的精彩部分以不完整形式保留下來。妥協不是披上偽裝的有條件投降，它的過程是積極的，因為促進了各方參與的興致。**它的過程也是合乎理性的。只有各方準備把自己要求中的各個部分區別開來，在某些部分上讓步，以換取另一些部分上的滿足，才有可能達成彼此滿意的協議。因此，要妥協就得透徹掌握與利害有關的問題，知道哪些可以提出，哪些可以讓步，而不致造成無法容忍的損失。妥協在共同治理下，把集體各組成部分從思想上、感情上以及實際上調動起來的一種方式。它不僅使民主進行下去，而且賦以內容。

只有社會內利益對立的各方都以社會為念，方可繼續妥協的進程而無損於民主。各方都必須記住這一領域內的敵手很可能是另一領域內的盟友，而且，就眼前問題達成某種協議至少可使工作照常進行，還有機會繼續進行調整。為達到這一目的，民主國家的公民必須在他們的要求中表現出卡爾霍恩所謂"協調的意向"，他稱其為一切立憲政府的核心保護性原則。與妥協相反的是暴力，卡爾霍恩認為那是保存一切專制政府的原則。如果不能取得自願的協調，通過暴力就必然可取得非自願的協調。使用暴力，或以使用暴力相威脅，都嚴重地危及國家組織的穩定。依靠以暴力為威脅的政府是鼓勵反對自己的勢力進行暴亂，這種暴亂危險的增長就促使政府預先武裝自己來對付任何武裝抵抗。卡爾霍恩在結語中說："因此，暴力必然是一切專制政體保存自己的原則"（〈論政府〉，1851）。既然妥協是暴力以外唯一可供選擇的辦法，拒絕把妥協作為一種可以考慮的手段必然是暴力的前奏。

　　如果一直沒有培養起協調的意向，民主就不可能紮根。作為例子，可以看一看國際社會，由於把國家"主權"作為壓倒一切的考慮，國際組織中大國的參與無時無刻不受提防，而且最後總是毫無成效的。有的人認為這種主權是一切法權的基礎，因此，不論在任何情況下，放棄主權損害了一切權利，破壞了公平的原則。如果確是如此，我們就必須放棄以民主方式解決國際爭端的任何希望。各國乾脆不願為了國際社會犧牲某些具體利益，在國際社會成員之間，主要是缺乏協調的意向。如不培養此種意向，國際社會中這民主是不能實現的，從最好處說，廣度和深度也會嚴重受到限制的。各國必須準備妥協或者戰爭。

10-8　要寬容

　　民主國家的公民必須寬容，要在三個層次上有意地忍耐逐漸增大的困難。首先，**最基本的是要容忍不守成規**。不守成規的行為是十分寶貴的。人類社會許多重要的進步都是大膽地違反成規的結果，很可能當時這些行為都曾使人驚怪或厭惡。初次出現的奇怪的或討厭的行為，可能漸漸成為許多人生活中不可少的。想像力、個性、各種各樣的見解，對民主深度的增加都會有不可估量的好處。法定和非決定的迫使人們墨守成規的壓力必然會限制深度，損害民主。如果公民不傾向於容忍不守成規，參與管理可能是廣泛的，但必然是表面化的。如果大家想的和做的都一樣，全面的有深度的參與根本就是不可能的。容忍不守成規的行為，就其本身價值來說，無疑是值得維護的，但它也是民主要取得成效的條件之一。

在十九世紀的英國，約翰‧穆勒關於遵守成規的言論，對今天所有國家來說，仍然是適用的，而且，不幸的是，明天還可能更為適用。

> 對於異乎尋常的個人，不應該阻止他們，而應該鼓勵他們，與眾人在行為上有所不同。在其他時代，這樣做沒有任何好處，除非他們的行為不僅不同，而且高明一些。在這個時代，樹不順從的榜樣，拒絕向習俗屈服，僅就這一點而言，它本身就是一種貢獻。正因為輿論如此專橫，把不守常規視為邪惡，為了打破這種專橫，人民的不守常規是合乎需要的。在充滿着性格力量的時代與地方，也一直充滿着離經叛道。而且，一個社會中所見到的不守常規的數量，是與它所有的創造能力、思想活力以及道義上的勇氣成正比的。當今時代最大的危險是敢於不守常規的人太少了。（《論自由》，1859年版，第三章）

可以通過憲法的規定，保護生活模式的多樣化。例

如，路易斯·布蘭德斯法官就曾論證說：美國憲法賦予
"不受政府干涉的權利——最廣泛的一種權力，而且是文
明人最寶貴的權利"（奧姆斯特德訴美國案，1928 年），
這種法定的保障是可貴的，但保護私人的安靜，維護不
受干涉的權利，最終仍在於公眾是否有不干涉的癖性。

　　就第二層次而言，**民主國家的公民不僅必須樂於讓
別人過他們自己的生活而不加干涉，而且必須容忍甚至
是對自己的信念與原則的直接反對**。反對的自由，作為
民主的法制條件之一，在前面已經談過。那種自由必然
體現在社會的憲章中，而容許那種自由的氣質則藏在組
成社會的各個公民的性格中。必須容忍反對的不僅是某
種非個人的組織——"政府"或"政黨"，還包括每個有
生命的人，那些可被引誘以任何手段壓制眼前對手的
人。不幸的是，人類社會歷史中，大部分是壓制反對者
的歷史，壓制者毫無例外地認為他們自己是有理的，是
代表公共利益的。民主其所以一直是稀罕的，部分原因
便是由於它甚至要求有權的一方具有和反對者共處的意
向，願意和他們一起討論和工作，當人民需要時，甚至
願意把權力讓給他們。只有高度文明的國家才能在這種
情況下昌盛，也只有在這種國家才會產生民主。

　　在第三層次，**民主國家的公民必須容忍哪怕是懷有惡
意或出於愚蠢地提出的反對**。政治鬥爭白熱化時，自己要

全力以赴地對付存亡攸關的重大問題，往往會發生這樣的
情況，即面臨着極其頑固與盲目的愚蠢的反對。如果反對
者明顯地並非無知或愚蠢，那便足以得出這樣的結論，即
反對者是出於自私、野心，或其他卑劣的動機。對那些積
極認真地參與民主管理的公民來說，情況似乎常常如此。
有時也確實如此。但民主制度的核心是大家都堅信不論衝
突各方的動機與信念為何，有支配力的決定不能定於參與
程序之前，而只能通過參與程序產生。如果要使這一程序
進行下去，參與各方必須有容忍任何反對意見的度量，不
論這些意見如何激烈，如何令人生氣。

這種氣質不是只要表現在口頭上，而是要表現在自
我克制的實際行為上。民主主義者可以真誠地相信他的
對手是完全而且徹底錯誤的，但他必須和他們一起生活
和工作，允許甚至鼓勵他們參與自治的全部過程。如果
他和他的黨在社會中掌權，他可能有力量用武力消滅敵
手。一旦他屈服於這種引誘，民主即告終結。要經常生
活於這種克制之下，實非易事，由此可見，民主也並非
一種易於實行的制度。

關鍵的一點是這種不用武力的克制，必須是自我
的。僅有保護少數派免於暴力威脅的法律或憲法規定是
不夠的。法律可以更換，憲法可以修改。我們知道某些
所謂民主國家，就曾為了某些所謂更為迫切的需要，而

暫時中止憲法的保證。然而，社會真正的憲法不是任何政府所能暫時中斷的，它植根於公民的性格之中。要在緊張時期也尊重民主程序，唯一可靠的保證是社會廣大成員從內心對這些程序承擔義務。

相信執政黨不會錯誤地使用暴力，這種信心歸根到底是由於相信社會公民的氣質中就無此意向。如果他們有的話，任何立法的或外在的限制也無力挽救民主。

在權力的使用上自加限制，在人類社會中是一種並不常見的美德，這有助於說明為甚麼人類政府中真正民主也非常見。公民必須具有如此的教養，以致能本能地、自然而然地產生像基普林所說的那樣的心理："有六十九種辦法作部落的歌，每一種辦法都正確。"在目前這個紛紛以民主命名的時代，很少人充分懂得真正實行民主所要求的那種要通過艱巨努力方可取得的心理條件。喬斯·奧特加·Y·加西特把這些條件總稱為自由主義，說這種自由主義是"寬宏大量的最高形式；是多數派讓與少數派的權利，因而也是這個星球上從未迴響過的崇高的呼聲。它宣佈決心要與敵人共存，而且是與弱敵共存。很難相信人類居然會採取如此高尚、如此自相矛盾、如此文雅、如此變化無常、如此違反自然的態度。那麼，如果這同一人類有人決心消滅它，也就不足為奇了。它是一種極其艱難、極其複雜的修養，不容易

在地上牢固地紮根。"（《群眾的反抗》， 1937年版，第十三章）

10-9　要客觀

就普通意義而言，保持客觀就是實事求是，不帶主觀的偏見，因而是坦率的、誠實的。按這種一般意義上的解釋，保持客觀總是一種美德；作出決定時，一般都應慎重考慮事實的真相，而且明智的決策者會考慮到自己的偏見，現實地面對客觀實際。在任何制度下，聰明的統治都要求不加曲解地看待客觀事實；如果人民自治時，不能保持合理的客觀，民主必然很快就會遇到嚴重的困難。

然而民主所要求的客觀具有較為特殊的含義，它包含着社會成員要承認社會內不同種類的利益集團。他們考慮任何具體爭端時，必須權衡有關的不同層次的利益。個人和家庭的利益是一個層次、種族關係與經濟利益是另一層次，特殊利益集團與地方團體是又一層次──與此平行的是所有公民均為成員的較大政治集團的利益，不同層次之間利益的衝突是常有的事，公民常常被迫權衡私人利益與公共的或半公共的利益的短長。

認為國家高於一切，公民只是附屬於國家的政治哲學與公民高於一切、國家只是附屬的政治哲學恰恰相反。民主要取得成效，必須避免這兩種極端。不要以損害任何一方，而要以互相忍讓的方式來解決公私利益問題。自治要求公民既不要把自己看成政府的工具，也不要把自己看成凌駕政府以上的勢力，而要看成它真誠的而且是重要的一部分。**就各個公民而言，保持客觀就是要在考慮問題時，總是願意想到他同時所擔任的幾種角色。**他可能是父親、僱主、教會人員等。不論他在私人生活中擔任幾種角色，他也是公民，而作為民主國家的公民，他又是治者。他必須看到自己應受法律的管轄，同時自己又是制定與執行法律的參與者。如果對民主所強加的這些特殊義務缺乏一定理解，他必然不可能在情況需要時為公利犧牲某些私利。樂於不帶偏見地權衡互相衝突的不同層次的利益，尤其把較大社會的利益按其本身價值視為重要的考慮，這種傾向可以稱之為"公民的客觀性"。這是一種高尚的習性，不易培植或堅持，但如民主要有成效，卻是不可少的。

10-10　要有信心

民主國家的公民必須相信他們集體管理自己的能力。如果社會成員互相輕視，視為不足信賴，把自己這夥人視為烏合之眾，這個社會（如果有的話）就是沒有志氣的社會。缺乏信心，尤其是危急時期，公民就會尋求外在權威的幫助，作出他們不能或不願作出的決定。所以，德摩斯梯尼感到他反對馬其頓暴君菲力浦的長期鬥爭是白費氣力，因為那時的雅典人民已經失去了必要的自治的信心。他對他們說：“你們在市場上走來走去，互相詢問每一個新的謠言。一個說，‘菲力浦死了嗎？’另一個說，‘沒有，但他病了’。這有甚麼關係呢？如果菲力浦死了，你們會馬上去找另一個菲力浦來毀滅你們自己。”雅典民主的淪亡，不能完全責備統治雅典的暴君。

　　民主所要求的信心並不意味着對群眾的智慧懷有絕對的信任——認為群眾所相信的一切都是正確的，群眾所作的一切都是對的。它是一種意向，願意相信人民從長遠來說能管理好自己的事，能依靠自己的能力改正自己的錯誤，解決他們自己的問題。

　　此處最根本的是個人的自信以及對整個社會的信心。如果個人不願依靠自己的判斷，不相信自己的判斷值得認真的考慮，他必然不會在決策過程起任何作用，即使參與也不會積極有效。就決策過程的實際後果而言，有些人不參與可能比參與還要好一些，但決策過程就會不如參與時那樣民主，參與的廣度就會因之降低。只有全體或大多數公民都相信自己均能對共同問題的解決作出某種貢獻，才足以對付民主繁重的義務。**民主社會成員，作為個人，作為一個社會，都必須對他們自己懷有信心，必須樂於依照這種自信採取行動。**

第十一章　民主的保護性條件

11-1　防止外來的威脅

　　外來的侵略者，或直接使用武力，或間接以武力相威脅，可以使一個自治社會成為受害者。這樣，不論社會內參與過程如何完善，人民的自治就受到他們既不能接受又不能戰勝的外力干擾。結果可能是戰爭，在毀滅民主的威脅下投降。如果民主國家指望在危機中生存下來，它必須有所準備。

　　這種準備可以採取多種方式。有時除訴諸軍事防禦以外，別無他策。雖然採用這種手段是恐怖的，但近年來許多事態都說明，有時一個民主國家必須戰鬥，不然就毀滅。一個國家像人一樣會發現這是一種極其不幸的窘境，而必須努力按預見行事，以避免逼入絕境。但是假如武裝衝突是由侵略性的敵人所選擇，則民主國家除兵戎相見以外，別無選擇。

　　對一個社會來說，它的立場可以是選擇投降，放棄其自治與民主的體制，而不是以作戰方式保衛民主。民主畢竟不是人類唯一可貴之物，而明智地權衡可供選擇的途徑以後，可能認為犧牲它比犧牲生命、和平或其他價值要好一些。在這種情況下，我們的決定要依靠對可供選擇的途徑作出最合理的判斷——一方面是戰爭恐怖的前景與失敗的可能性，另一方面是投降的屈辱與臣服的恐懼。

全心依附民主的人，可能有理由忍受這種損失，甚至犧牲自己的自由或生命，如果唯一可供選擇的是巨大災難的戰爭，要使更多的人受巨大的痛苦。有的人辯解說，訴諸大規模的核戰是不可容忍的、不可想像的，即使為了對付殘忍暴政的威脅，也不能認為進行這種戰爭是有理的。他們的說法可能是對的。另一方面，也有人認為民主比生命，不僅比他自己的生命，而且比成千上萬的人的生命都更為可貴。為了保衛民主，必要時可以犧牲一切而毫無例外。這種立場要求心腸很硬，而且與基督教義背道而馳，但也可能是對的。如果想到死是別人的生命，大多還都是無辜的旁觀者，"寧死勿辱"的口號的崇高的光環就會為之減色。對民主的價值和戰爭的恐怖予以考量，在某些情況下，可能有理由認為用戰爭保衛民主是不明智或不合理的。但一個國家或個人作出這一決定時，必須是為了追求某種更高的價值而犧牲民主。另一方面，如果這種犧牲是不可忍受的，在面臨武裝侵略的情況下，民主國家就必須能拿出可致勝的兵力。

保衛民主使其不受外部威脅，並不一定總是要用戰爭的方式。作好必要時可以用武力進行有效防禦的準備，即準備好所謂可靠的軍事力量，這一準備本身就可能已達到防衛的目的。除戰爭以外，民主國家還可以使用計謀、威脅、壓力、允諾等無數的手段或這些手段的綜合運用，以對付外來侵略。如反民主的國家數目眾多，力量強大時，民主國家的軍火庫中，則應備有從高明的政治才能到大炮等應有盡有的保護性手段。要具體指出防禦外來侵略時所需要的各種手段是不可能的。不論如何令人厭惡，以武力對付武力的能力是必須包括在內的。

抵禦外來威脅，還提出一個困難，即要求能對威脅作出迅速反應。行動遲緩，向來是民主國家聞名已久的缺點，因參與機器過於笨重，常不能按迅速變動的情況所要求的速度作出反應。社會愈大，參與過程愈遲緩，愈益要求迅速反應。來自外部的威脅，可能要求民主國家立即作出反應，不可能等候普遍參與來決定。所以，民主國家必須制定辦法，以便有可能按防務所需的速度作出反應。

這種手段是有的，但存在着濫用的危險。正常情況下，國會是負責對外來威脅作出反應的機構。出現緊急情況時，如缺乏足夠時間取得國會的批准，規模更小一些的代表機構，如內閣或國家安全會議，可以採取必要的決定性行動。把重要的決策權賦予這樣一小群人，有的人對民主的實質產生懷疑。的確，當一小群人為一個

大國作決定時（直接地或間接地），參與選擇那群人的
公民，大多是不參加意見的。雖然在這樣的機構內代表
性的程度很低，假如擁有緊急權的機構，是經過有廣度
和深度的普遍參與程度所產生，這一政府仍然是民主
的。當一個大國必須迅速反應時，民主程序必須是高度
間接的。由指定的官員關起門來制定的震驚世界的決
定，不是最純淨的民主的產物，但它可能是符合民主，
而且民主還必須倚靠它以維持生存。

當然，賦予的權力可能使用不當，而且，即使根據
現有情報是使用得當的，難以預見的事業也可能造成不
幸的後果。但所有決策機構都面臨此種危險，不論它們
的權力來自何處。如這種權力實際上而非僅名義上來自
廣大公民，為適應保護社會的需要，即使只要求最高階
層作為代表，那還是民主的。

防禦外來威脅的條件幾乎只是民主國家所關心的
事。其他類型的民主團體，尤其非政治的，可能偶爾需
要迅速行動，假如辦不到，也無致命的危險，因為它們
一般不會受到侵略。即使是政治社會兵戎相見，一般是
主權國家的事，與國家內的團體無關。防禦外來威脅，
主要為民主國家所關心而其他民主團體則大多忽視，這
進一步說明民主的保護性條件與民主的關係是外在的。

11-2　防止來自內部的威脅

來自內部的威脅，有時比來自外部的威脅更為嚴重，也更為常見。各種各樣的內部威脅不可能一一列舉，但一般來說可分為兩類：**(1) 來自內部的對民主條件，如法制條件、信息條件等的進攻；(2) 來自內部的對參與過程——對其廣度、深度或範圍——的進攻。**現分述如下。

關於這兩類來自內部的威脅，要記住兩點。第一，與外部攻擊不同，這些內部攻擊可以危及各種類別及各種規模的民主。第二，民主的內部威脅可能來自懷有崇高目的的個人或團體，而他們真心誠意地公開宣稱的目標是愛國的，或甚至是民主的。當然，也有些人是不喜歡民主的，希望用別種政體代替它。但在民主社會中，這種人是很少的，同時，他們公開宣稱反對民主，反而會使保衛民主的工作比較容易一些。另一方面，那些真誠相信自己是為民主而鬥爭，但他們因不理解民主或民主條件，而實際上在破壞它的人，那些人才是民主最難防禦的內部敵人。歸根到底，對於他們除努力實行民主並積極維護其條件以外，別無其他防禦手段。

（1）民主國家公民對民主條件的攻擊是常有的事，往往採取提議的形式，而提議者本人對這些提議會對民主產生何種後果卻毫不理解。其中最普通的是要以某種

方式限制批評、發表、反對的自由來"保護"民主。由
於這些人真誠地相信自己目標是純正的,而且要壓制的
僅僅是民主的敵人,所以,他們認為可以用稍加收緊的
辦法來"保護"這個開放的社會。這種努力的方向是錯
誤的,而且可能是災難性的。這種內部威脅主要來自對
民主法制條件缺乏理解。過於愛國的人,錯誤地認為民
主的法制條件只能為目標一致的人享用,政治目標顯然
不一致的則是煽動鬧事。一切從內部來破壞民主的威脅
中,這可能是最嚴重的。對於這種威脅沒有普遍有效的
對付辦法。民主的法制條件是隨着理解與使用而加強
的,支持它們的心理條件也是如此,但要維護他們,顯
然不能採用限制言論自由的辦法,因為要反對的正是對
言論自由的限制。這是民主自然會繼承下來的危險。

　　智力條件的情況可作為進一步的例證。如今任何大
國要成功地實行民主,必須要求集體作出巨大努力支持
其教育系統。這種支持既非奢侈,也非權宜之計,而是
有關生死存亡的大事。不理解這一點的民主主義者,可
能激烈反對增加捐稅用來作為大、中學所需的經費,從
而對民主的命運構成真正的威脅。但對這種阻撓加以壓
制是不對的,如果阻撓居然佔據上風,社會公民(由於
聽任民主條件的惡化)可能讓已經獲得的民主從指縫中
溜走。這種短識淺見必須以合理的論點,及各種非暴力

的講道的說服方式與之鬥爭，但公民是否一定維護成功的民主所必需的條件，在這一點上無法作任何保證。要把現存的民主第一層次的條件理解，並認識為防止某些內部威脅的第二層次的條件。

（2）來自內部的對民主的第二類威脅是直接限制，或甚至放棄參與管理的程序。這經常是由於採取措施，防止外來對民主的威脅時偶然造成的結果。危急時期需要速度與果斷，不免更多地依賴領導人的判斷，使公民難以有效地參與。領導人可能是以民主方式選出來，但民主的習慣可能減弱，而且存在這種危險，即公民積極批評與影響他們領導人的興趣將會消退。公民們可能發現，即使他們不參與也可作出重要的決定，而且往往是高明的決定，既感到沒有必要參與，思想和時間也就不會用來關心政府的事務。這樣一來，由於社會成員愈來愈不積極，就有可能毫不在乎地、不知不覺地放棄民主。

原來通過合法的選舉程序與選舉團獲得權力的領導人，慢慢發現廣大社會成員停止行使其權力而由他行使權力，這就是必然會導致的民主惡化的情況。當一個新的政府最初幾月或幾年欣欣向榮，領袖們（或領袖）看起來聰明正直，發生這種情況的可能性就會更大，而且比較不易察覺。所以說對民主為害最大的莫過於一位好皇帝，這種說法是有道理的。當人民有朝一日想收回原來屬於他們的權力時，可能已經太遲。民主政府的體制很快萎縮。帶着批判精神參與的習慣，不是想要就會有的，它需要不斷的練習與維護。放棄民主是容易的，重新獲得它卻很艱難。

在公民這一方面，任何表示願意放棄管理權力的傾向，某些領導人都會願意利用這一機會，用他們的權力來填補。權力從來不會沒人要，如果人民不願肩負自治的重擔，總會有人願意代替他們治理。當人民不急於為自己作出決定時，政府的權力便會落在好心好意的人們手中，他們真的相信他們有資格為人民作出決定。篡奪者的意圖是崇高還是卑鄙，新任領導人的精神狀態是正常還是反常，與社會的幸福有重大關係，但與民主無關。不論怎樣，民主都會遭殃。說真的，如果一眼看出一心一意想獨斷專行的人的卑鄙意圖或動搖心理，那倒是幸事，因為那可使人民清醒起來挽救他們這民主。

令人啼笑皆非的是，在民主國家內，防禦內部與外部威脅的條件經常衝突。為了保護自治政府不受外來威脅，人民可能自己制定措施。情願在某些情況下放棄自治。一方面，不論情況如何緊急，依然堅持純粹的民主，這就有可能把社會暴露於外部威脅的致命攻擊之下；另一方面，認為對付這樣的進攻，必須集中權力，嚴格紀律，這就可能從內部徹底摧毀民主。

　　這些矛盾沒有普遍可行的解決辦法。要成功地實行民主，必須找出一種辦法，既可以賦予必要的權力，以便及時地對付外來威脅，又不致使公眾失去對掌權者的控制。只有絕對必要時才可設立權力很大的代表團，對其權力的使用，必須有具體的限制，還要明確規定使用這種權力的時間，到期即自動消失。防止內部對民主的威脅，如果停留在形式上是不夠的；只有積極鍛煉民主的肌肉，才能克服萎縮症。至少從某一方面來說，防禦外部威脅要比內部簡單些。面對外部威脅時，民主社會成員清楚為何而戰，要取得甚麼樣的勝利。而內部威脅卻較難弄清，一旦弄清，需要作出的努力，雖不一定流血，但與作戰同樣艱難，而且更難以組織。

第四部分

民主的價值

第十二章　民主的內在價值

12-1　民主即自主

因為民主有其內在的價值，所以民主本身就是值得珍視的。展示這種內在價值，嚴格地說，不是為了提供支持民主的辯護理由。它不是說明民主的良好效果來為民主辯護，也不是指出民主所依據的正確原則來為民主辯白。它是要喚起人們注意民主不可或缺的特點，不是因其效果或來源而值得珍視的特點，而是就其本身而言就值得珍視的特點。

民主的實質是社會成員參與社會的管理，即是自治。任何人都不會懷疑在個人生活與行為的小範圍內，自治有巨大與內在的價值。就是為了自治的緣故，每個人都珍視自己支配自己生活，以自己的方式追求自己目的的自由與能力。個人自治的經驗在民主過程中是以放大的形式表現出來的。在這兩種情況下，個人支配自己的生活及社會管理自己的事務，所實現的是同一原則，即**自主的原則**。

自主是自治作為一種道德理想時的用語。autos 意思是自我，nomos意思是法律；auto-nomy就是有理性的人給自己規定法律的理想境界。在道德的理想目標中，自主一直是最高的目標之一。康德寫道：

回過頭來看看，以前所作的發掘道德原則的努力，我們無須奇怪為甚麼那些努力都失敗了。他們看到了人是由於責任而受法律的束縛，但沒有看到約束他的只是那些由他自己訂出的法律，雖然這些法律同時也是有普遍性的，而且他們也沒有看到人是依照自己的意志來約束自己行為的，一種由自然賦予的建立普遍法的意志。因為，僅僅把人當作一種法律的對象（不論甚麼對象），這種法律就要求某種利益，或者吸引人們去服從，或者克制人們去違反，因為這種法律不是來自他自己的意志，而是這樣一種意志即服從另一些事物以某種方式起作用時有束縛力的法律的意志。由於這一必然結果，一切尋找責任的最高原則的努力都是無可挽回地白費力氣。因為人從一定利益中不會引出責任，而只是某種採取行動的需要。不論這種利益是私人的或其他的，在任何情況下這種強制都必須是有條件的，根本不能成為道德的指令。因此，我把這稱之為意志自主的原則，而把我相應考慮的其他一切稱之為無自主權的，以資區別。（《道德形而上學探本》，1785年版，第二節）

民主主義者沒有必要在道德哲學上受康德觀點的限制，但任何尊重並珍視康德所謂"道德的最高原則"——

意志自主——的人會發現民主內在的價值。只有在民主政體中，而不是在任何其他政體中，這一原則才得到明確而且充分的體現。

真正有道德的人，自己為自己規定了正確行為的準則。這些準則的內容可能是有爭議的，而且自己為自己規定準則也不能保證代理人所選擇的準則都是正確的，或運用準則的方式在客觀上都是正確的。但不論我們對他的行為如何評價，行為者的道德品質決定於他的自主；只要他品性純良，從他的意志中就會主動地產生正確的行為。道德的自主是行為者內在的對行為的指導與控制，不是由於壓制或強逼。這是不夠的，但就最值得稱讚的行為來說，這是必不可少的。

只有以民主方式管理社會時才能充分實現社會自主——人與人相互關連的個人生活中的自主。只有在民主政體下，全體社會成員才能拿出自己的規則來管理共同事務，並將自己置於這些規則的約束之下。正如個人行為一樣，社會成員自己制定的規則，不能保證他們在選擇和運用這些規則時，行動是明智的或公正的。然而，如果支配社會成員的規則不是來自他們的參與，而是由外部或內部某種專制的力量強加於他們，社會的道德品質必然受損，即使外加的決定是正確的。個人與社會在這個問題上是類似的。評價他們行為的德性不僅要

看做了甚麼，而且要看這樣做是誰決定的，理想的是指
導與控制均來自內部，由自己作主的。在社會領域中只
有被治者參與政府管理時，這種自主才有可能實現。

自主不是民主的結果，它不是在民主以後或因為民
主而產生的。在社會生活中自主即民主，從純粹道德觀
點來看，**民主政府的自主性是它最基本，也可能是最重
要的特點，它是民主政府的內在價值，一種值得直接因
其本身價值而加以珍視的特點。**

12-2　政體中的自主與他治

如果把自主與他治在某些基本方面加以對比，社會
生活中自主的巨大優點就更會看得一清二楚。第一，在
法律的來源上它們是在法律來源上的互相對立的概念。
支配他治（heteronomy 中的 hetero 的意思是別人）社會的
法律不是來自社會成員自己，而是有其他的來源。那裡
的權力歸於全體公民以外的某人或某團體，所以由此而
形成的制度稱之為權力主義的是適當的。公民與統治者
的關係是下級對上級的關係；向人民宣佈法律，但法律
是來自人民之上或人民這個範圍以外的。在這種體制下
的政府必然是外在的，即使法律是好的，也必然是對公
民生活的侵入。

從表面上看，不論甚麼政體，公民與法律的關係好
像總是外在的。法律命令如何行事，公民就必須服從，

否則就受到懲罰。但在這表面之下，法律的來源對接受命令的公民來說卻有着極大的差別。在執法過程中這種差別可能不明顯，雖然，即使在這一階段，如果執法官員看到自己是公眾的僕人，也必然會對公民表現出更多的尊敬。最大的差別，確切地說，在於公民對法律的信念與態度，以及由此而產生的守法行為的動力。

如果政府是自主的，尊重法律就具有更合乎道德更合乎理性的基礎。更合乎道德是因為參與立法過程即有義務遵守其結果；更合乎理性是因為法律是公民自己的僕人，服務於他們自己的目的，而非別人的目的。如果此處的法律是侵入性的，或在其他方面是不適當的，也是由於其特定內容而不是由於其外在的來源。民主社會的法律為社會服務時可能情況不佳，但它們必然還是社會的僕人而非主人。

而且，公民認識到他所參與的團體的自主權增強了他公眾行為的道德性，無論他是有意遵守或不遵守法律。不論使用哪種強制迫使服從，由於這種承認，服從也變成了主動的自我節制的行為。這樣，不僅自主社會本身是一種道德力，也提高了各個成員的道德力。

第二，在社會目標的來源上，自主的與他治的制度之間存在着根本的區別。不論實際中其形式如何多種多樣，基本選擇只有兩種：由社會成員自己選定的社會目

標，或由別人，不論是一人或少數人，強加於他們的社
會目標。

他治是以命令關係的形式出現，主要依靠公民承認
自己從屬的地位，同時承認其上級的統治權威。軍事組
織中目標的選擇是他治的最清楚的例證。每一軍事單
位，其所以存在的理由明顯是要完成某項預定的使命，
而這一使命是由上級分派的，由這一連鎖命令體系中某
一上級加之於每個人或每個單位。

這種命令關係是民主的不折不扣的對立面。民主社
會成員在確定他們作為一個社會應該做甚麼或應該是甚
麼樣式時，不承認有任何上級。以民主方式治理的社
會，不完成別人分派的任務，而以自己的方式處理自己
的事務。因為是自治的政體，所以民主要求目標的選擇
與法律的制定，都必須由社會成員的普遍參與來決定。
自主要求目標與手段都由內部產生而非由外部給予。

第三，自主與他治這兩種制度之間最深刻的互不相
容之處，可能在於它們對個人的性質及其適當角色所持
的對立概念。社會自主與承認各參與成員的尊嚴是密不
可分的，這種尊嚴的普遍性是證明政治社會中民主合理
性的關鍵。任何他治政府，不論其統治如何賢明仁厚，
都不能公正對待這種尊嚴。這是因為在他治政體上的公
民，從最根本的意義來說是另外一些人的工具，一種為

完成某種外加的較高目標的工具。在等級統治制度下，每個單位（除最高層以外）基本上都是下級，每個人或每個團體的作用都是完成上級所分派的目標而服務。這種要求服從的實質在實踐中表現在所使用的語言上。公民成了不折不扣的臣民；在軍隊中及按等級組織的私人企業中，組成的人不是視為個別的人（person）而是視為 personnel（全體人員）；領導人的公開文告，通常是用命令語氣。剝奪了社會自主，社會各成員的自主必然在很大程度上被剝奪。

權力主義體制當然要宣稱對各個公民的福利表示關切。即使這種關切是出自真心的，但尋求的福利不是由公民決定的，而是由其統治者決定的，統治者自稱要比公民更為清楚甚麼最符合公民的最大利益。統治者眼中的利益在公民的眼中可能是損害；即使不是損害，被迫去做別人認為對自己適當與有利的事，也必然是一種侮辱與貶抑。在使用人作為一種達到別人目的的手段時，它在實踐中是不能承認或尊重人類普遍具有尊嚴的。然而這種承認或尊重卻是民主必不可少的特點，其實質就是人參與決定影響他們自己生活的事情。

最後，只有自主體制才能充分公正地對待人類的理性。前面我已論證民主是以其成員的理性為前提的，而且它鼓勵並支持全體成員發展智力，而權力主義體制則常為這種發展而不安。現在，在更深刻的意義上，我認為自主需要道德的行為者，不論是個人或社會，特別尊重理性在政府中的力量。自主社會為自己建立規則、法律時，其前提是公民有能力認識規則的必要性，並懂得自己加上始終一貫地運用、服從這些規則與法律的義務。而且，自主政府預先假定這種理性既深且廣，足以容許公民自己設計、制定規則，不僅僅是服從別人制定的規則。這樣，容許理性在普通生活中發揮效力也就是在實踐中尊重人的理性。如果理性是人的獨特的特性，應該在人的決策過程中佔有重要地位，那麼，民主的、自主的政體是明顯而且深厚地充滿人性的。

12-3 自由、平等、博愛

與民主密切相連的這三個傳統目標，自由、平等、博愛和民主一樣是有其內在價值的。前已闡述它們那種對民主的特殊關係，現可按最廣泛的意義，即較大的結構關係來探討：**自由是實行民主的條件；平等是民主合理性的關鍵；博愛是任何民主存在的前提。**

這些當中，自由是最具體的，在日常生活中它的存在與不存在是最容易被察覺的。三者當中自由也是最寶貴的。沒有自由是很痛苦的，限制自由很快就會被感覺到。自由是那些為實現民主而奮鬥的人具體關心之所在。因此，民主國家的重大問題常常與自由有關，許多政策性的決定常常會因為是擴大自由而被維護，或因是限制自由而被譴責。自由既然是自治取得成效的條件，它必然是民主國家內政治論爭的要點。

平等與民主的關係在理論上是清楚的，正如自由與民主的關係在實踐中是清楚的一樣。要求的自由是可以具體列舉的，如行動自由、言論自由；但要求的平等則不能具體列舉，因為這是根本理論上的約束，是作為人人有權參與的基礎。因此，平等雖不一定是民主社會中實際關心的問題，但當它成為爭議時，平等就顯示出極端的重要性，因為否認平等不僅危及民主的運行，而且危及民主的基礎。而對自由的最大的危險來自那些不懂得實行自治的條件，為了保存民主而限制自由的人。另一方面，平等則更有可能受到那些不真心嚮往民主的人的攻擊，他們認為平等是不公正的。

在這三個目標之中，平等是最接近民主的理論核心。如果不允許或不承認成員享有基本平等，所有人平等參與管理的精神就會蕩然無存。不論社會性質如何，不能僅僅因為一定比例的成員已經或假定享有平等，就證明該社會的民主是合理的。與剝奪自由相比，如果剝奪平等比較不易察覺，比較不明顯，也可能不怎麼痛苦，但對民主而言則是更深一層的傷害。有了自由才能實行民主，但只有平等的情況下才有理由相信應該實行民主，相信那是組織社會公共事務的正確與適當的方式。

　　博愛是社會的知覺，是成員對他們根本的共同事業的承認。三者之中，民主是在最深的層次需要它，它提供了範圍，在這個範圍內平等可以得到承認，自由可以得到保護。因此，在這三個目標之中，博愛應得到暫時的、邏輯上必然的優先考慮。如果社會不承認自己是可以試行並實現自治的實體，根本就不會出現自治。博愛創立了民主社會，如平等表示它的特性那樣，自由則予以保護。

尾聲　為民主申辯

不論我在前述各章中對民主表現出何等熱情,嚴格地說,我尚未為民主辯護。一個人可以完全接受我對民主的性質、手段、前提、條件等的說法,但經過思考以後,他可以得出結論說,就他而言他不要民主。或者他可以說在他所在的某些社會中需要民主,而不是在另外一些社會中。然而,不論這些決定如何聰明,從邏輯上說,是與前述說法矛盾的。因此,為民主申辯是必要的。

然而,基於篇幅所限,我無法在這本小書詳盡地為民主作出申辯,有興趣進一步思考這個議題的讀者,可以參閱以下讀物:

1. 卡爾·科恩,《民主概論》,香港:商務印書館,一九八九年,第十四章"為民主辯護"、十五章"為民主辯白"。

2. 香港民主發展網絡學者,《民主十問》,香港:香港民主發展網絡,二零零五年。

3. 達爾,《論民主》,台北:聯經出版公司,一九九九年。

4. 盧梭,《社會契約論》,北京:商務印書館,二零零三年。

5. 柏拉圖,《理想國》,北京:商務印書館,一九九七年。

6. 托克維爾,《論美國的民主(全兩卷)》,北京:商務印書館,二零零四年。

7. 巴柏,《開放社會及其敵人》(上下卷),台北:桂冠出版,一九九二年。

商務印書館 📖 讀者回饋咭

請詳細填寫下列各項資料，傳真至 2565 1113，以便寄上本館門市優惠券，憑券前往商務印書館本港各大門市購書，可獲折扣優惠。

所購本館出版之書籍：_____

購書地點：_____ 姓名：_____

通訊地址：_____

電話：_____ 傳真：_____

電郵：_____

您是否想透過電郵或傳真收到商務新書資訊？　1□是　2□否

性別：1□男　2□女

出生年份：_____年

學歷：1□小學或以下　2□中學　3□預科　4□大專　5□研究院

每月家庭總收入：1□HK$6,000以下　2□HK$6,000-9,999
　　　　　　　　3□HK$10,000-14,999　4□HK$15,000-24,999
　　　　　　　　5□HK$25,000-34,999　6□HK$35,000或以上

子女人數(只適用於有子女人士)　1□1-2個　2□3-4個　3□5個以上

子女年齡(可多於一個選擇)　1□12歲以下　2□12-17歲　3□18歲以上

職業：1□僱主　2□經理級　3□專業人士　4□白領　5□藍領　6□教師　7□學生
　　　8□主婦　9□其他

最常前往的書店：_____

每月往書店次數：1□1次或以下　2□2-4次　3□5-7次　4□8次或以上

每月購書量：1□1本或以下　2□2-4本　3□5-7本　4□8本或以上

每月購書消費：1□HK$50以下　2□HK$50-199　3□HK$200-499　4□HK$500-999
　　　　　　　5□HK$1,000或以上

您從哪裏得知本書：1□書店　2□報章或雜誌廣告　3□電台　4□電視　5□書評/書介
　　　　　　　　　6□親友介紹　7□商務文化網站　8□其他(請註明：_____)

您對本書內容的意見：_____

_____

您有否進行過網上購書？　1□有 2□否

您有否瀏覽過商務出版網(網址：http://www.commercialpress.com.hk)？1□有　2□否

您希望本公司能加強出版的書籍：1□辭書　2□外語書籍　3□文學/語言　4□歷史文化
　　　5□自然科學　6□社會科學　7□醫學衛生　8□財經書籍　9□管理書籍
　　　10□兒童書籍　11□流行書　12□其他(請註明：_____)

根據個人資料「私隱」條例，讀者有權查閱及更改其個人資料。讀者如須查閱或更改其個人資料，請來函本館，信封上請註明「讀者回饋咭-更改個人資料」

香港筲箕灣

耀興道 3 號

東滙廣場 8 樓

商務印書館 (香港) 有限公司

顧客服務部收